L'ESPRIT DU BUDGET.

L'ESPRIT DU BUDGET,

ou

LE BUDGET DE 1816

MODIFIÉ, DÉVELOPPÉ ET ÉTENDU AUX ANNÉES 1816—20;

EN RÉPONSE

AUX DIVERS PROJETS DE FINANCES QUI VIENNENT DE PARAÎTRE,
ET NOTAMMENT A CEUX DE MM. B. ET H.

PAR M. M. P. PÉLEGRIN.

Le crédit n'est point une plante exotique et impropre
à notre climat; mais il faut la soigner comme une culture
abandonnée depuis long-temps. Lui demander cette année
quatre cent millions, ce n'est pas l'essayer, c'est le perdre :
c'est attendre des efforts vigoureux d'un corps faible, et
des fruits succulents d'un arbre desséché.

(*Tiré de l'Ouvrage.*)

PARIS,

A. ÉGRON, Imprimeur-Libraire, rue des Noyers, n° 37;
DELAUNAY, Libraire, au Palais-Royal;

FEVRIER. — 1816.

Cet Ouvrage (hors sa partie polémique) n'étant, en résumé, qu'une espèce d'appendice au Budget proposé par le Ministre, nous croyons devoir l'intituler *Esprit du Budget*, sans manquer aux convenances qu'un simple citoyen doit toujours observer à l'égard des actes d'une autorité supérieure.

AVERTISSEMENT.

LA proposition faite à la Chambre des Députés, le 23 décembre dernier, du Budget de 1816, et de divers projets de lois de finances, a fait naître, on peut dire, la sécurité et la confiance dans le cœur des Français, navrés par le sentiment des maux que devaient causer à l'Etat les nouvelles charges pécuniaires qui lui sont imposées par le traité du 20 novembre 1815. Prompts à se décourager et à s'exagérer à eux-mêmes les embarras de leur administration financière, enclins à en déprimer les ressources, au lieu de les apprécier, ils ont vu, avec une sorte de soulagement, que ce surcroît de détresse n'était pas sans remède, et qu'il ne retarderait que de quelques années l'amélioration complète des finances, que les premières opérations du Ministère, lors de la restauration, avaient fait envisager comme très-prochaine.

Les vues simples que renferme cet ouvrage n'eussent donc point été mises au jour, dans la persuasion où nous étions qu'elles n'échapperaient pas à la sagesse des membres de la Chambre appelée à la discussion de ces divers projets de lois, et les espérances de crédit qu'elles donnent, à la prévoyance du ministre lui-même, qui, en se taisant sur les voies et moyens à employer pour 1817 et les années suivantes, n'a point dissimulé, dans son rapport, les secours qu'il attend, avec raison, du crédit public régénéré.

Mais des doutes sur l'admission des principales dispositions du Budget de 1816 s'élèvent dans le public; doutes que la prolongation dans les conférences particulières d'une commission de l'examen de ce Budget, semble justifier.

Mais quelques projets de finances, où le système des emprunts est exalté outre mesure, sont publiés, et leurs moyens intempestifs ont jeté l'alarme dans la classe des rentiers et dans l'esprit de tous ceux qui ne sont point étrangers aux opérations financières du Gouvernement.

Mais des bruits de création de rentes, de consolidation forcée de l'arriéré, circulent, et des craintes sur l'insuffisance ou l'excès des contributions actuelles, se propagent et prennent une certaine consistance.

Nous croyons donc céder à une impulsion raisonnable en publiant cet ouvrage, persuadé qu'il pourra concourir à ramener le calme dans les esprits, en atténuant le mauvais effet que produisent ces déclamations vagues, ces plans de finances, principalement ceux de MM. B.... et H...., dont la base essentielle est l'émission, presque spontanée, d'une masse considérable de rentes.

Notre but étant principalement de démontrer le danger imminent de semblables mesures, et de nous élever contre les plans de deux écrivains dont nous estimons les principes, nous croyons qu'il est de notre devoir de déclarer que nous ne condamnons de leur doctrine en matière de crédit public, que l'application imprudente qu'ils veulent en faire aujourd'hui. Nous opposerons surtout M. B.... à lui-même, et nous nous servirons de ses propres maximes, pour nous préserver de ses écarts. Quant à ces autres projets de banque nationale, de délégations hypothécaires, de banque de secours, nous les passerons sous silence, le remède à leur publication se trouvant naturellement dans les preuves qu'ils portent avec eux de leur inexécution ou de leur impuissance. Vains produits de l'inexpérience ou de l'irréflexion! Véritable alchimie financière, qui ne procure pas plus de ressources aux gouvernemens que l'autre ne donne de l'or aux particuliers!

Aucun intérêt, aucune passion n'a guidé notre plume, que celle d'un véritable patriotisme et le sentiment d'une conviction intime. Riche d'une heureuse médiocrité et d'un état indépendant, étranger à tant d'intérêts divers qui s'entre-choquent dans la recherche de l'intérêt public, nous croyons que c'est de cette position, peut-être, que la voix d'une critique modérée peut se faire entendre avec le plus de force.

Le mérite de toute critique, surtout en matière de finances, c'est qu'elle soit accompagnée d'une meilleure combinaison.

Le germe de celle que nous présentons au public est tout entier dans ces paroles du Ministre :

« Un temps viendra néanmoins, et peut-être n'est-il pas éloigné,
« où les bienfaits de la paix, la force de l'union et les avantages que
« donnent l'exactitude et la bonne foi, appelleront à notre secours
« les ressources d'un crédit qui sera puissant, parce qu'il sera légitime.
« Le crédit, si souvent invoqué, et quelquefois mal entendu, est le
« résultat simple de la confiance : nous saurons le mériter, et alors il
« nous sera permis de lui donner une direction conforme à l'intérêt
« de l'Etat. »

(*Rapport du Ministre au Roi*, page 20.)

Nous avons aussi modifié et amendé le Budget de 1816, proprement dit, et de toutes les propositions du Ministre relatives au solde de l'exercice de 1815, à celui de 1816, et au paiement de l'arriéré, nous n'avons formé qu'un seul Budget général, étendu aux années 1816 — 20.

Nous pensons que ce Budget, ainsi amendé et développé, présente le moins d'inconvéniens possibles, froisse le moins d'intérêts privés, et défie le moins de hasards dans le cours de son exécution.

Dans ce plan :

Service extraordinaire de 1815 soldé;

Services courants de 1816 — 20 assurés;

Remboursement intégral, en 1817, de l'emprunt de 100 millions;

Paiement intégral de l'arriéré en cinq annuités, par ordre d'antériorité;

Réduction à 15 c. de la contribution extraordinaire de 50 c. par franc, demandée par le Ministre, sur les trois contributions foncière,

des portes et fenêtres, et des patentes; la contribution mobilière et personnelle doublée seulement en 1816;

Caisse d'amortissement dotée de 24 millions;

Le grand livre de la dette publique fermé en 1816, c'est-à-dire,
aucune émission de rentes ni emprunts;

La vente des bois successive, et réduite à 250 mille hectares d'ici
à 1819;

Les supplémens de cautionnemens percevables seulement par moitié en 1816 et 1817;

Suppression du droit de transports, du droit sur les huiles, et des
autres les plus onéreux;

Cours de la rente amélioré et porté rapidement à 80.

Tels sont les avantages qu'il offre. On jugera s'ils peuvent être ob-
tenus, sans emprunts actuels, sans moyens extraordinaires, et avec les
seules ressources que notre situation actuelle comporte.

AVANT-PROPOS.

AVANT-PROPOS.

C'est sans doute un grand sujet d'étonnement et de méditation, de voir à quelles sommes prodigieuses s'élèvent les contributions des nations modernes, et de penser combien l'administration de leur société est pesante pour les peuples de l'Europe. C'est un phénomène dont l'explication serait inutile à notre sujet. Il ne s'agit pas ici de déplorer ni de changer un ordre de choses consacré depuis long-temps, mais de montrer, au contraire, que la situation actuelle de la France en particulier, grevée d'un arriéré considérable et de charges extraordinaires annuelles pendant cinq ans, n'est pas encore plus fâcheuse que ses ressources réelles et celles de son crédit possible, sagement employé, ne sont considérables.

Qu'il est non seulement inutile et intempestif, mais même imprudent, de recourir à des moyens extraordinaires et à des innovations subites qui peuvent bouleverser les finances, au lieu de les améliorer.

Que le Budget proposé par le ministre est encore le meilleur projet de finances qui ait paru jusqu'à présent, et qu'il renferme, au moyen de quelques modifications, additions ou changemens, mais sans en altérer le fond, le germe d'un Budget quinquennal et complet qui présente un équilibre parfait entre les dépenses et les recettes ordinaires de l'Etat.

Tout système actuel de nos finances doit se diviser naturellement en deux parties bien distinctes : Plan de cet ouvrage.

1° Service ordinaire et extraordinaire, y compris les contributions de guerre payables annuellement. On peut l'intituler : *Dépenses générales courantes.*

2

2° Paiement de l'arriéré, y compris le remboursement de l'emprunt de cent millions.

Le premier peut être fourni par les contributions ordinaires actuelles, et le supplément extraordinaire de droits nouveaux qui s'y rapporte dans le Budget; ce qui nous conduit à examiner quel est le fondement de la masse actuelle de nos impôts, et la solidité des objections de ceux qui les trouvent exagérés. Ce chapitre sera intitulé: *Contributions actuelles de la France.*

Le second objet, l'acquittement de l'arriéré, offre le plus de matière à controverse; il comporte les questions les plus importantes de morale, d'économie politique et de crédit public. Il se divise en plusieurs chapitres, où nous discutons le mérite de divers plans proposés; d'abord ceux de MM. B. et H., et ensuite celui du Ministre.

Nous terminerons en présentant le plan de finances que nous venons de déduire.

L'ESPRIT DU BUDGET.

CHAPITRE Ier.

Contributions actuelles de la France.

Il est facile de déclamer contre l'excès des charges que nous supportons, il est beau d'en proposer l'adoucissement; mais si ces déclamations et ces propositions peuvent avoir quelque mérite dans les temps ordinaires, il me semble plus sage, dans les circonstances difficiles où nous nous trouvons, de respecter un ensemble de choses que le temps a, pour ainsi dire, justifié, et d'opérer avec des élémens qui sont tout combinés.

On est donc généralement d'accord sur le maintien des cadres actuels de nos contributions. Le ministre propose de les augmenter. Quelques-uns de ceux qui viennent d'écrire tout récemment sur les finances proposent au contraire de les réduire. Je laisse à penser de quel côté est la sagesse qui temporise et qui pourvoit, ou l'esprit d'innovation qui dérange et qui aventure.

Plus l'autorité d'un nom peut prêter de force à une assertion, plus il importe de la détruire quand elle s'écarte de la vérité. M. G......, dans sa *Proposition* (1) *d'une Banque de secours dans chaque département,* pour en déterminer la nécessité, prend à tâche, comme tous ceux dont les plans offrent des propositions extraordinaires, d'exagérer le poids de nos contributions, qu'il présente comme insupportables et beaucoup au-dessus de leur proportion naturelle avec le revenu général, foncier ou industriel de la France; il l'évalue à quatre milliards brut, et le réduisant

Opinion de M.G.
sur le revenu
général de la
France.

---

(1) *Considérations générales sur la situation des Finances de la France en* 1816, par M. Gauilh, député du département du Cantal.

à la moitié, à cause de la portion qui ne doit point participer aux charges de l'Etat comme étant la représentation des frais de culture et d'exploitation, il ne donne pour base aux contributions générales qu'un revenu net de deux milliards.

Ce résultat est évidemment erroné.

Moyen d'évaluer le revenu général d'un Etat.

Quoiqu'il ne soit pas facile d'évaluer d'une manière absolue la masse générale des produits fonciers, industriels ou fictifs d'un Etat qui contient vingt-cinq millions d'âmes, on peut néanmoins la déterminer assez précisément pour y asseoir avec confiance un système de contributions déterminées.

La production totale d'un Etat, ou plutôt l'ensemble de ses revenus, se compose évidemment de tout ce qui s'y consomme, augmenté encore de tout ce qui s'en exporte au-delà des importations. C'est un principe qui ne peut souffrir de contradiction. Il s'agit seulement d'apprécier la valeur monétaire de la chose consommée; car c'est sur le signe qui la représente, et non sur la chose consommée elle-même, que les impôts sont levés. Cette appréciation est extrêmement facile à déterminer. Le type en est dans la consommation de chaque individu, et la valeur de celle-ci, dans le prix de la journée de l'homme adulte, supposé chef de maison composée de deux époux et de deux enfans, ou quatre personnes par feu.

Cette manière d'évaluer la quantité de la chose produite et sa valeur est infaillible. Sans descendre à des calculs de détail, nous arrivons de suite au prix moyen de la journée de travail en France, que nous portons à 1 fr. 75 cent. dans les campagnes, et à trois francs dans les villes. Le prix moyen général étant de 2 fr. 25 cent. environ, et le nombre de feux de six millions au moins, nous trouvons, en réduisant le nombre des jours ouvrables à trois cents par an, que chaque adulte, chef de maison, gagne et emploie par conséquent à la subsistance et à l'entretien de sa famille la somme de 675 fr. par an (1), et que le revenu général de la France est brut de quatre

---

(1) C'est 168 f. 75 c. par personne. En supputant le coût de toutes les choses nécessaires à la vie physique et sociale, que consomme un individu, l'un portant l'autre, on trouvera, y compris le loyer, une nouvelle preuve de la rectitude des calculs ci-dessus.

milliards cinquante millions, ci. 4,050,000,000

À quoi il faut ajouter le prix de la journée des femmes
et des enfans au-dessus de dix ans, objet considérable,
et que nous évaluons pour compte rond. 950,000,000

Total brut cinq milliards, ci. 5,000,000,000

Nous convenons qu'une grande partie de cette somme n'est point revenu net imposable; mais comme la portion de ce revenu brut, qui représente les frais d'exploitation, n'en est pas moins atteinte en grande partie par les contributions indirectes sur les consommations, il faut faire entrer cette circonstance en compensation, et ne déduire pour cette partie que les deux cinquièmes du produit général brut, au lieu de la moitié, comme le fait M. G......, ce qui portera alors le revenu net passible des contributions à trois milliards, ci. 3,000,000,000

Mais, et c'est ici que M. G....... fait une grande erreur ou omission; il faut ajouter à cette première somme les produits, fictifs comme valeur inrinsèque, mais très-réels en signes frappés de contributions, et qui, n'entrant point dans la consommation réelle de l'homme, n'en font pas moins une des branches les plus importantes des revenus publics. Cette espèce de produits est immense; elle comprend, outre les objets de luxe et de vanité, les frais de toutes sortes, frais de justice, de mutations, transactions ordinaires ou commerciales, institutions, produits des ouvrages d'esprit, emplois, honoraires, etc., tous produits représentés et atteints par les droits d'enregistrement, de timbre, droits de sceau, marque d'or et d'argent, loteries, postes, etc.

Les contributions totales de cette classe ne peuvent être évaluées moins de deux cent cinquante millions, et représentent au moins un revenu net de trois milliards, ne le frappant que d'une manière indirecte, ci. 3,000,000,000

Le revenu général de la France serait donc net de six milliards (1), et non de deux, selon M. G...., et c'est cette première somme qui doit servir de base

---

(1) M. Say et d'autres auteurs évaluent à 5 milliards les revenus généraux de la Grande-Bretagne, dont la population et le sol ne sont que moitié de ceux de la France.

aux contributions. Quelques auteurs le portent jusqu'à neuf; mais on doit, je pense, s'en tenir à cette évaluation moyenne, auprès de laquelle celle de M. G..... paraît bien défectueuse.

On pourrait la justifier encore par d'autres élémens; mais nous croyons que la justesse en est suffisamment démontrée.

La somme totale des contributions proposées par le Budget du ministre étant de sept cent vingt-sept (1) millions, leur rapport avec le revenu gé-néral serait de plus du huitième.

Que la somme totale de nos contributions n'est pas intolérable.

Et par tête d'habitant, de. . . . . 28 fr.
Impositions locales de toutes sortes. . . . . . 1 } 29 fr.

Si l'exemple des temps passés était nécessaire pour fortifier notre opinion, que les contributions générales de la France, telles qu'elles sont, peuvent être considérées comme un fondement inébranlable de la fortune publique, sur lequel on peut asseoir avec sécurité l'édifice de la libération de l'Etat et de sa prospérité, nous citerions la masse des impôts levés avant 1789; ils montaient à six cent trente-huit millions dès 1783; dans laquelle somme les contributions directes du clergé régulier et séculier; qui posssédaît un huitième (2) peut être de tous les biens-fonds de la France, ne figure que pour onze millions. Les contributions de ce temps, soit directes, soit in-directes, étaient fort inégalement réparties. Le taux moyen par individu était de vingt-cinq livres dix sols par tête; mais dans quelques généralités, il n'était que de douze francs, dans quelques-unes de trente, et à Paris de soixante-quatre; et les biens nobles enfin jouissaient de grandes exemp-tions.

Le renchérissement des denrées depuis cette époque est sensible, et le surcroît de consommation de toutes sortes, par une plus grande aisance

---

(1) Y compris les revenus domaniaux.

(2) Les revenus du clergé de France étaient évalués, avant la révolution, à 130 mil-lions; cette somme, multipliée par 8, donnerait un revenu net de 1 milliard 40 millions pour toute la France, et brut, de 2 milliards 80 millions. Mais ces biens de main-morte n'étant point régis avec autant de soins ou de fidélité que les autres, et le revenu des bâtimens n'y étant point compris, on doit estimer le revenu général du clergé, avant la révolution, beaucoup plus haut.

ou un plus grand excès de jouissances dans les classes moyennes, est presque aussi sensible peut-être. Si l'on rapproche donc cette somme de six cent trente-huit millions de celle demandée aujourd'hui, si on l'augmente encore des produits occasionnés par une plus égale répartition, et encore par une plus grande extension donnée à la partie de l'enregistrement qui ne pèse que sur la classe très-aisée, et qui n'était avant 1789 que du tiers au plus de ce qu'elle rapporte à présent, on trouvera un rapport tellement frappant d'égalité entre les deux quotités d'impositions, qu'il ne semblera plus possible d'accueillir, autrement que par le sentiment de l'indifférence la plus grande, ces déclamations journalières qu'on ne cesse de faire contre l'excès des contributions; déclamations d'autant plus déraisonnables qu'elles sont à la fois mal fondées et inopportunes (1).

Si de notre patrie nous passons à l'examen des contributions de nos voisins, nous trouverons que leur système d'impôts n'est pas moins pesant que le nôtre; et si nous jetons un coup d'œil sur les contributions des peuples de la Grande-Bretagne, nous aurons quelques sujets de nous croire moins froissés que nous le pensons (2).

Mais ces notions qui semblent si justes, ne seraient que l'effet d'une bril-

---

(1) Nous n'avons point parlé de la dîme, cette charge étant immense pour le revenu foncier, et des droits seigneuriaux qui, n'ayant point une concession pour principe, ont été abolis. Ces deux articles ne peuvent être évalués moins de 60 à 70 millions,

Récapitulation.

Contributions de la France en 1783.	638,000,000
Dîmes et droits seigneuriaux, environ.	60,000,000
Dixième en sus pour renchérissement des denrées	70,000,000
Total.	768,000,000

Ainsi les contributions, avant 1789, dépassaient de beaucoup celles d'aujourd'hui.

(2) L'Angleterre, avec un revenu général qui est moins considérable que celui de la France, fournit à son gouvernement une somme annuelle de 85 millions 644 mille liv. st., en francs, 1 milliard 900 millions environ, c'est-à-dire les deux cinquièmes du revenu général.

M. Say porte la consommation du gouvernement anglais à 112 millions sterl., près de deux milliards cinq cent millions; mais il faut déduire de cette somme 7 à 800 millions environ, produit des emprunts faits aux capitaux. Les besoins du gouvernement anglais sont portés à 114 millions sterl. en 1814.

lante théorie dont il faudrait se méfier, si l'expérience, ou plutôt la pratique des recouvremens n'en démontrait au surplus l'exacte réalité : aucun déficit remarquable, aucune secousse véritable dans l'Etat ne sont venus de l'excès vrai ou prétendu des impôts. Je sais que le Gouvernement charlatan, machiavélique et inexorable de Bonaparte avait mis le peuple dans l'impuissance même de sentir sa propre misère, bien loin de s'en plaindre ; néanmoins, pour ceux qui veulent être de bonne foi dans cette matière, on conviendra que les produits présumés ont rarement trompé l'attente du ministère, et que les déficits annuels sont bien plutôt provenus d'augmentations dans les dépenses que de détérioration dans les recettes.

A Dieu ne plaise, cependant, que je me fasse ici le défenseur du fisc toujours trop impitoyable ! mais il est des circonstances où le véritable patriotisme doit se justifier à lui-même la nécessité des charges qu'on supporte. Eh ! quelle occasion plus pressante d'étouffer nos plaintes, de réunir nos efforts, et de consolider, par quelques sacrifices passagers, un gouvernement légitime et constitutionnel, garant de nos libertés et de notre bonheur !

J'ai discuté assez longuement cette question de l'excès de nos contributions actuelles, parce que de sa solution dépend, à mon avis, l'adoption ou le rejet de tout plan de finances, et parce que du maintien des contributions découlent l'ordre, la confiance et le crédit public, et que c'est sur elles que repose la stabilité de la fortune de l'Etat. « Je ne propose aucun système « nouveau, » dit M. Sabatier dans son utile et excellent ouvrage *des recettes et dépenses publiques de la France*, « parce que nous *n'en n'avons nul be-* « *soin, qu'il serait d'ailleurs peut-être dangereux d'y recourir*, et que, comme « je l'ai dit l'année dernière, le mode de contributions existant a pour lui « le succès de l'expérience ; il doit nous suffire de chercher à l'améliorer. » *Des Recettes et Dépenses publiques de la France*, par M. Sabatier. Avertissement, p. iij.

CHAPITRE II.

De l'arriéré.

Iʟ n'y aurait point d'arriéré si les dépenses se balançaient avec les recettes dans chaque exercice, ou bien si à la fin de chaque année des moyens supplétifs, comme en Angleterre, y faisaient face. On peut dire que la différence des recettes aux dépenses a toujours été immense chez les Anglais; elle s'est élevée depuis quelques années jusqu'à 7 et 800,000,000 de francs : cette différence a toujours été rachetée par des emprunts successifs.

On n'a point songé en France, depuis la révolution, à demander au crédit une utile et prompte assistance qui aurait relevé celui-ci et fait disparaître en même temps les déficits.

Le gouvernement de Bonaparte, évidemment précaire et turbulent, ne pouvait user de cette ressource abondante qui n'est acquise qu'aux gouvernemens légitimes et paisibles; et parce que ce gouvernement était précaire, il devint spoliateur et tyrannique. On imagina, malgré les exactions de toutes sortes, les monopoles dans l'intérieur, les contributions de guerre au dehors, de se débarrasser du déficit annuel en le portant à l'arriéré, et de celui-ci accumulé, en l'inscrivant forcément sur le grand livre : cette manière est commode; elle a reçu le nom de consolidation forcée. C'est un véritable emprunt subversif de la fidélité qu'on doit à ses engagemens, source de tout crédit soit public soit particulier. Ce mode de paiement acquit beaucoup de partisans.

La consolidation forcée devint cependant un grave sujet de controverse lorsqu'elle dut s'exercer à l'égard d'une grande masse d'arriéré.

De la consolidation forcée.

L'adversaire le plus redoutable de cette espèce de spoliation fut M. Bricogne lui-même; il sortit victorieux de cette lutte dans sa défense réitérée du budget de 1814, et il devait vaincre par sa logique serrée, par ses raisons fondées sur les principes les plus vrais de morale, d'économie politique et de crédit public, et surtout par la bonté de la cause.

Le sujet de cet écrit s'agrandissant sous ma plume, je ne rapporterai pas ses argumens, et je n'ajouterai pas mon jugement à son opinion ; mais je rappellerai les propres paroles du ministre actuel des finances, qui contiennent le résumé de toute la doctrine précédente de M. B...; ce qui prouve qu'elle a triomphé et que le Gouvernement, sous lequel nous avons le bonheur de vivre, la professe entièrement.

« Il est un principe incontestable, » dit le ministre, « c'est que l'Etat
« doit à ses créanciers le paiement intégral de leurs créances, et ce principe
« n'est pas seulement dans la morale d'un gouvernement, il est aussi dans
« son intérêt : car la fidélité dans les engagemens produit la confiance , et
« la confiance est la base du crédit public.

« Sans doute rien ne serait plus facile que de léguer à un avenir indéfini
« l'extinction de l'arriéré, et d'en ajouter le capital à celui de la dette ins-
« crite. Mais il ne faut pas se le dissimuler, la consolidation obligée ne libère
« pas le trésor, puisqu'il ne fait qu'un paiement nominal, qu'il use de sa
« puissance pour échanger le titre échu et exigible de son créancier contre
« un engagement sans terme, et qu'il le place trop souvent dans l'alterna-
« tive, ou de négocier avec perte, ou de garder, sans espoir de rembour-
« sement, un effet déprécié. En ajoutant de nouvelles rentes à celles qui exis-
« tent, la consolidation forcée n'attaque pas seulement les intérêts de l'homme
« qui a livré à l'Etat, dans l'attente d'un légitime bénéfice, son temps, son
« industrie et ses capitaux; elle réduit encore, contre la foi des contrats, les
« anciennes créances, elle enveloppe dans une perte commune le créancier
« de la dette exigible et celui de la dette inscrite, elle viole envers tous deux
« le droit sacré de la propriété.

« Et quel est le résultat de cette opération !
« L'entrepreneur honnête , le capitaliste s'éloignent d'un gouvernement
« sur la foi duquel ils ne peuvent compter; les services publics tombent dans
« des mains infidèles, des traités ruineux accroissent les dépenses, les charges
« des contribuables augmentent, et l'Etat est livré à tous les désordres qui
« naissent de la mauvaise foi dont il a donné le premier l'exemple.

« Dans d'autres temps, des administrateurs auxquels des ordres absolus
« ne laissaient pas le choix des moyens, des créanciers placés dans l'alter-
« native, ou de subir une perte totale , ou d'accepter une réduction de leurs
« creances, ont pu souscrire à de semblables opérations; mais il appartient

« à la religieuse loyauté de Votre Majesté de consacrer d'autres règles. »
Rapport au Roi, p. 12 et 13.

Mais je dois ajouter, qu'au préjudice incalculable d'énerver le crédit public, en portant atteinte à la foi promise, la consolidation forcée entraîne à sa suite l'absorption de capitaux considérables, sources d'une nouvelle industrie et de nouvelles ressources pour les particuliers et pour l'Etat.

Il s'en suit donc qu'il faut payer intégralement l'arriéré : c'est une nouvelle charge ajoutée à nos charges annuelles. Nous verrons dans l'examen que nous allons faire de la nouvelle brochure de M. B..., intitulée *Examen impartial du Budget,* que cet écrivain n'y a pourvu qu'en abandonnant presque ses propres principes, et en déviant de la règle qu'il s'était prescrite et qu'il avait proposée aux autres.

Et nous présenterons, au chapitre du paiement de l'arriéré proprement dit, le mode qui nous semble le plus convenable et le moins difficultueux pour son acquittement.

CHAPITRE III.

Examen de la brochure et du plan de M. B...., intitulés:
Examen impartial du Budget.

Cet écrit et le plan de finances qu'il renferme ont reçu un accueil distingué; mais cet accueil est-il bien motivé?

Ces promesses si magnifiques de libération et de ressources toujours renaissantes, peuvent-elles se réaliser?

Le public n'est-il pas dupe d'un véritable prestige, et les sommes dont nous serons quittes à la fin de 1816, ont-elles été bien supputées?

Enfin ce système d'emprunt est-il bien solide et se trouvera-t-il quelque homme assez courageux ou assez imprudent pour prendre sur lui d'y confier le salut de l'Etat et la fortune des particuliers?

C'est ce que nous allons entreprendre d'examiner, et nous démontrerons peut-être que ces promesses si pompeuses n'ont, même dans les tableaux de M. B..., qu'un vain résultat.

Que cette théorie d'emprunt est brillante, mais qu'elle n'est qu'une théorie qui ne mérite pas aujourd'hui la plus légère confiance; qu'elle est spécieuse peut-être pour l'avenir, mais que sa pratique est plus qu'inopportune et prématurée dans le moment;

Que ce système d'emprunt, si beau sur le papier, est d'un essai trop hasardeux dans son exécution, pour qu'en définitive, on puisse sans danger pour l'Etat en faire dépendre sa sécurité et sa libération envers les particuliers.

Et qu'enfin un exercice courant, bientôt aux trois quarts de sa durée, ne saurait, sans être compromis, attendre ses ressources les plus pressées d'un emprunt énorme de quatre cent millions dans un pays découragé, livré à l'esprit de parti, sans capitaux abondans sur la place, et sans signes fictifs supplétifs de son numéraire.

M. B...., comme M. G..., comme tous les auteurs de nouveaux systèmes, commence son écrit par déplorer l'excès de nos misères. Le défenseur ardent, outre-zélé du budget de 1814, est aujourd'hui l'antagoniste du budget de 1816, et du mode de paiement de l'arriéré proposé par le ministre, mode au surplus que nous écarterons comme insuffisant dans son gage et trop incertain pour les créanciers dans son exécution.

« Peut-être remarquera-t-on, » dit M. B... en commençant, « entre mes « précédens écrits et celui-ci, non des contradictions, mais des nuances « différentes dans les plans et dans les développemens. »

Cette précaution oratoire est prévoyante ; mais écoutons M. B... lui-même.

« L'impossibilité et l'inopportunité, l'injustice de la vente des bois, ne per- « mettent plus de continuer et de multiplier les obligations du trésor royal « à huit pour cent d'intérêt. » *Examen impartial*, introduction, pag. viij, janvier 1816.

Et plus haut, dans l'énumération des avantages de son plan :

« La suspension de la vente des bois. » *Ibid.*

Naguère, disait le même écrivain, en novembre 1815 :

« Les créanciers de l'Etat se croyaient cette fois hors des atteintes cruelles « du système de Bonaparte ; une opinion préliminaire sur les finances a « été distribuée, et nous a révélé que déjà l'on tente de relever le fatal « étendard de la banqueroute, au mépris de la Charte et de la loi du 23 « septembre 1814 (1). » *Quelques mots de consolation aux créanciers de l'Etat*, pages 307 et 308.

Et plus bas, page 312 :

« La première opération d'un ministre des finances, lorsqu'il ne peut « pas payer une dette exigible, est de donner toute sécurité aux créanciers « de l'Etat. »

Et plus bas, même écrit, page 344 :

« Je m'étais forcé de rassurer et de consoler les créanciers de l'Etat, « imprudemment effrayés, injustement attaqués. Ce soin était facile ; j'aime « à penser qu'il était superflu, et *que désormais il ne deviendra plus né-* « *cessaire*. Le Budget (2) se prépare. Bientôt, sans doute, il éteindra pour « jamais toutes les inquiétudes, en ramenant *l'exécution fidèle et entière*

---

(1) Qui ordonne la vente de 300 mille hectares de bois.
(2) Celui actuel.

« *de la loi du 23 septembre 1814*, en affermissant et complétant le système
« consacré par cette loi. »

Cette différence de vues et de principes dans la même personne et dans
deux écrits qui se sont succédés à un mois d'intervalle, est surprenante, et
nous la reprochons à son auteur, parce qu'elle est en opposition formelle avec
sa première doctrine, et surtout avec le principe sacramentel qu'il professe, que l'on doit toute fidélité à ses engagemens et toute sûreté aux
créanciers de l'Etat, et aussi parce qu'elle est en contradiction avec son
plan d'emprunt et de crédit public.

Cette opinion que la vente des bois est inopportune et injuste, est en effet
bien étrange sous la plume d'un écrivain qui s'est fait le champion (1) des
créanciers du Gouvernement.

Rapprochée de celles qu'on émet depuis quelques jours à la Chambre
des Députés, elle nous donne peut-être la clé des véritables motifs des oppo-
sans à la vente des bois (2).

Nous prouverons ailleurs que la vente des bois est, non seulement légitime, mais utile et politique. Nous nous contenterons ici d'en prendre
l'occasion de montrer la versatilité de l'auteur de l'*Examen impartial*,
afin de nous mettre en garde contre les illusions de son système, qu'il
ébranle déjà lui-même en touchant à ses fondemens.

En vain nous dit-il que les temps sont changés, pour justifier son propre
changement ; nous lui répondons que les événemens malheureux dont nous
venons d'être les témoins exigent encore plus de respect pour ce gage des
créanciers de l'Etat, que la loi du 23 septembre 1814 leur a solennellement donné, et que si cette destination n'avait pas été faite, il faudrait

____

(1) Tous les ouvrages de M. B.... sont intitulés : *Opinions et Observations d'un Créancier de l'Etat*, et la dernière : *Quelques mots de consolation aux Créanciers de l'Etat, en
réponse à une Opinion préliminaire.*

(2) Le délaissement des pasteurs de l'église catholique de France est sans doute un
grand scandale et une grande injustice, qu'il faudrait s'empresser de faire cesser s'ils
avaient lieu ; mais le scandale des vicaires des apôtres vivant dans l'opulence, à côté de
leurs ouailles indigentes, n'en est-il pas un plus grand encore ? Sommes-nous menacés
de le voir se reproduire, et verrons-nous bientôt le pauvre du diocèse cité devant la po-
lice correctionnelle par procès-verbal des gardes-chasse du métropolitain !

(23)

s'empresser de la voter aujourd'hui que l'arriéré s'est accru , aujourd'hui
que des charges nouvelles et pressantes obligent peut-être d'ajourner leur
entière et parfaite libération.

M. B..... vote à la vérité sur ces bois une espèce d'hypothèque impossible
à réaliser en faveur de sa dotation énorme de cent millions à sa caisse
d'amortissement : en habile avocat, il change de doctrine suivant les intérêts divers de ses causes; mais qu'il s'accorde avec lui-même, et qu'il nous
dise comment une aliénation d'immeubles est injuste, et comment néanmoins on peut les donner en hypothèque, ce qui me semble la même chose.

Mais ceci serait un véritable stellionat politique en faveur de son système : ces bois sont hypothéqués déjà par une loi, une loi (1) dont on ne
se joue pas comme d'un règlement qu'on peut changer sans conséquence;
loi fondamentale relativement à l'arriéré, et qu'un nouveau ministre s'em-
presse de consacrer de nouveau dans ses principales dispositions.

Nous passons condamnation sur tous les retranchemens que voudrait
faire M. B...... aux différentes parties des recettes publiques proposées par
le ministre pour 1816, parce qu'ici il est conséquent avec lui-même , et
que pour faire goûter l'adoption de son plan d'emprunt de quatre cent
millions, il faut bien montrer l'insuffisance des ressources d'une part, et
laisser entrevoir de l'autre qu'avec un moyen si magnifique, on pourra être
libéral sans danger.

L'objet de cet ouvrage n'est point d'ailleurs de faire une réfutation
minutieuse de celui de M. B......; mais je ne puis passer sous silence des
observations qui dégénèrent en faux principes sous sa plume, ou qui me
paraissent appliquées à contre-sens.

Je m'arrêterai donc un instant sur ce paragraphe de l'*Examen impartial*,
relatif à la retenue sur les traitemens de . . . . 13,000,000 f.
Et à l'abandon par le Roi et les princes de 10,000,000
                                                         —————————
                         Total. . . . . 23,000,000 f.
que M. B...... désapprouve comme une minutie.

—————————————————————————————————

(1) Lorsque j'écrivais ceci, on imprimait, dans le *Moniteur* du 12 février, un excellent
article sur cette matière en particulier, et sur les finances en général. On y produit les
argumens que nous opposons au plan de M. B..... L'opinion du public éclairé les appuie
tous par son assentiment.

« Ces vagues déclamations contre les dépenses publiques, dit M. B......,
« ces exhortations faciles à l'économie, ces réductions apparentes qui font
« grand bruit, parce qu'elles épouvantent et froissent une multitude de
« familles, se réduisent le plus souvent à supprimer les travaux nécessaires,
« à frapper les hommes utiles, en respectant les préjugés et les abus. Cette
« parcimonie prêchée avec tant d'ostentation, aussi contraire aux véritables
« intérêts du Gouvernement qu'à la prospérité de l'Etat, qu'à la dignité et
« la puissance des princes, finit toujours par être insignifiante. Le Budget
« qui nous occupe en offre la preuve, puisque toutes les réductions sur
« les traitemens ne sont estimées qu'à treize millions : les retenues ne sont
« que des refus partiels de traitemens. »

Autant d'erreurs que de mots dans ce paragraphe, soit qu'il se rapporte
à de véritables économies tant recommandées aux ministres (1), et qui sont
tellement importantes dans ce dont il s'agit, qu'elles sont portées dans le
Budget de 1816 à deux cent vingt-sept millions, soit qu'il ait en vue les
retenues sur les traitemens qui, dans cet article, sont confondues avec les
réductions, au point qu'on ne sait desquelles l'auteur veut parler. Dans tous
les cas, le mot de parcimonie ne peut jamais s'appliquer à des opérations
financières qui s'élèvent toujours à des sommes considérables. Appliqué
aux retenues, le mot de parcimonie est impropre, c'est justice distributive
qu'il fallait dire; car une retenue sur traitement n'est en résultat qu'une
contribution à la fois équitable et nécessaire mise sur un revenu clair et
net, qui, jusqu'à présent, en a toujours été exempt, on ne sait pourquoi;
ce que nous discuterons plus loin au chapitre du Budget de 1816.

Ce que M. B...... dit de l'abandon fait par le Roi n'est pas plus juste.
La splendeur du trône est, comme toutes les parties de l'administration,
soumise à des bornes; elle doit se conformer, non seulement aux lieux,

---

(1) Ecoutons le Ministre lui-même, digne, par des paroles si sages, de mettre en pratique de si touchantes maximes : « Les ministres de V. M. savent qu'un de leurs premiers
« devoirs est de porter l'économie dans toutes les branches de l'administration confiée à
« leurs soins; qu'on ne doit recourir à de nouvelles impositions qu'après avoir épuisé la
« ressource des réformes, et ils rempliront fidèlement ce devoir. »

(*Rapport du Ministre au Roi,* page 20.)

mais aux temps et aux circonstances. La liste civile de France est immense. Le descendant de Henri IV, aussi célèbre par la simplicité de ses manières que par la politique de son gouvernement ; le frère et le successeur du bon et infortuné Louis XVI n'a point cru porter atteinte à la dignité de la couronne, en abandonnant la somme considérable de dix millions au soulagement de l'Etat. Cette noble résignation est toute royale, et honore plus le règne d'un prince, affermit plus son autorité, qu'un vain faste et une prodigalité hors de saison. Cet exemple devrait être célébré ; mais, pour lui donner la palme qu'il mérite, il faut qu'il se réalise et qu'il ne soit pas une vaine offrande sans aucun effet.

M. B...... dit encore, à l'occasion du droit proposé sur les huiles, page 26 de sa brochure, et en lui donnant la forme et l'autorité d'un axiôme : « Le droit sur les huiles est de tous le mieux combiné. »

Et nous nous répondons : Ce droit est de tous le plus intolérable ; il est subversif des principes les plus ordinaires et les plus connus en matière de contributions, et nous nous engageons de le prouver, en son lieu, jusqu'à l'évidence.

Passons au plan de finances de M. B......

Ce plan n'a pas plus de solidité que ses sophismes ; il est tout entier subordonné à cette supposition toute gratuite, qu'aujourd'hui, à l'heure même, le Gouvernement français, dont l'effet public consolidé, d'une valeur en capital seulement de treize à quatorze cent millions, perd quarante pour cent sur la place, va trouver des prêteurs pour une somme de quatre cent millions, à vingt-cinq pour cent de perte seulement ; supposition qu'il était sans doute hardi de faire, entreprenant de proposer au public ; mais qu'il y aurait de la légèreté à celui-ci d'admettre, et plus que de la témérité au Gouvernement d'y confier l'espoir de ses ressources.

Plan de finances de M. B....

Cette pierre fondamentale de tout le plan de M. B......, sans le support de laquelle il ne représente qu'un vain simulacre élevé dans les airs, sans appui sur la terre, qu'un édifice fantasmagorique enfin, a-t-elle une certaine consistance ? des proportions assez apparentes pour qu'on doive examiner si elle est assez solide ? Non, elle ne mérite même pas une sérieuse réfutation. Cependant elle a été accueillie, sans réflexion à la vérité, mais avec assez de faveur pour qu'il soit utile, nécessaire même d'en montrer le frêle échafaudage, ne fût-ce que pour avertir les approbateurs de mettre plus de circonspection dans leur jugement précipité.

M. B.... porte à 100 millions la caisse d'amortissement, et c'est de cette dotation immense qu'il attend le succès de ses emprunts.

C'est le génie ordinairement qui trouve une combinaison nouvelle, quelque simple qu'elle soit : tel est le mode d'extinction d'emprunts inventé par M. Pitt en 1786. Aujourd'hui, en France, on s'étaye avec raison de cette espèce de découverte en finances dont l'expérience a justifié le mérite; mais les conseils de l'expérience même auraient dû apprendre aux imitateurs serviles de la manière d'élever, par des emprunts, les recettes au niveau de la dépense, que dans son principe, l'immortel auteur de l'amortissement ne confia pas le sort des finances à ce remède contre l'accroissement de la dette, en lui demandant de suite plus qu'il ne pouvait accorder. En 1786, l'Angleterre était en pleine paix; le montant de sa dette était, en 1783, de 238,500,000 livres sterlings, environ 5,247,000,000 de francs. L'amortissement pendant la paix, depuis 1783 jusqu'en 1793, pendant dix ans, fut de 4,751,261 livres sterlings, c'est-à-dire du cinquantième seulement de la totalité de la dette; l'amortissement fut donc faible : un million sterling seulement y fut destiné, un peu moins d'un huitième des intérêts annuels de la totalité de la dette (1). Depuis cette époque, on a augmenté le fond d'amortissement avec le besoin des emprunts; ce qui n'a pas empêché la dette de l'Angleterre de s'élever jusqu'à la somme prodigieuse de seize milliards, en intérêts, neuf cent trente-quatre millions de francs.

Cette imitation du système anglais ne serait donc point renfermée dans de justes bornes, si, plus audacieux ou moins sages que l'inventeur, on voulait marcher à pas de géant dans une carrière où les Anglais ne sont entrés qu'avec circonspection; ils ont créé une caisse d'amortisssement en pleine paix, dans un moment où les dépenses se balançaient avec les recettes, laissant à cette innovation le temps de faire son effet.

Et c'est ainsi que je conçois, à l'instar du ministre de France, une caisse d'amortissement de la dette publique, mais sans emprunt actuel, afin que le cours des effets publics s'améliorant rapidement, le crédit se relève en

---

(1) Ce qui porterait, en France, l'amortissement à 12 millions environ.

même temps, et puisse nous donner à l'avenir ce qu'il serait indiscret de lui demander aujourd'hui.

Mais de prime-abord proposer d'emprunter quatre cent millions à un taux onéreux, c'est proposer une chose inouïe et désastreuse, si elle ne réussit point, et d'une conséquence fâcheuse, si elle avait quelque succès; car, dans ce dernier cas, et l'exemple de l'Angleterre est là pour nous en avertir, où s'arrêterait la facilité d'un pareil système trop commode pour un ministère qui ne redouterait pas assez d'en abuser? Ne craindrait-on pas de marcher sur les traces de la Grande-Bretagne, et de porter à un taux excessif l'accroissement de la dette publique inscrite? Ce qui ne manquerait pas d'arriver, surtout si quelque nouvelle calamité venait, à la traverse, augmenter nos besoins et l'impérieuse nécessité d'y faire face.

Vous sentez vous-même la conséquence de ce que vous proposez, et l'immensité de votre caisse d'amortissement est la preuve de vos craintes; mais cette dotation atténuera-t-elle le mauvais effet de votre emprunt? Je crains qu'elle n'atténue seulement ses ressources en réduisant d'autant la somme que vous lui demandez.

Vous voulez imiter nos voisins! mais cette imitation vous est-elle permise? Procurez-vous avant la situation de la Grande-Bretagne; donnez-nous son habitude et son opinion unanime sur ce système d'emprunt, son ministère constant de maxime pour la suivre dans ses progrès, ses capitaux immenses et son papier-monnaie pour lui servir d'alimens, ses taxes énormes pour en payer les intérêts toujours croissans.

Enfin, quelle garantie nous fournit-on que cet emprunt se réalisera ? Ecoutons M. B...., lui-même, et apprécions toute la valeur de ses espérances.

« Ces créanciers de l'arriéré, prêteurs obligés, et qui presque à l'instant
« deviendraient prêteurs volontaires, ne se présenteraient pas seuls; cet
« emprunt avantageux pour les premiers prêteurs principalement, vérita-
« blement national, solidement fondé, appellerait les capitaux et les prê-
« teurs de toute part ; car il ne s'adresse pas seulement à la bourse de
« Paris, à des spéculateurs dont les moyens sont bornés, mais à la France,
« à l'Europe entière. Les capitaux sont cosmopolites; ils se transportent
« partout où le profit et la fidélité les appellent; ils demeurent où la sé-
« curité les fixe. Ils ne tarderaient pas à répondre à l'appel que leur ferait
« cet emprunt; mais dès le premier moment, il attirerait ces capitaux

(28)

« hasardeux et avides que les gros bénéfices amorcent, ces capitaux que
« l'infidélité condamne au repos; il servirait de refuge à ces *capitaux*
« *honteux* ou criminels que le grand jour effraye, et qui fuyent en ce
« moment par crainte de la persécution ou de la justice. On ne pourra les
« atteindre, et ils seront perdus pour le travail. Il faut se hâter, en laissant
« partir leurs maîtres, de retenir ou de rappeler ces capitaux transfuges,
« et leur offrir, dans un effet au porteur, un asile inviolable. C'est au terme
« d'une révolution, et pour les fautes politiques, qu'il faut rétablir le droit
« d'asile. » *Examen impartial*, page 90 et 91.

Voilà les espérances sur lesquelles on fonde le salut de la patrie! C'est
aux capitaux des proscrits chassés de leur pays qu'on fait un appel pour
la réussite de cet énorme emprunt! Ceux qui ne peuvent reposer leurs têtes
sur le sol natal vont s'empresser d'y confier la ressource de leur existence,
dernier espoir de la fortune qui peut les suivre dans tous les climats!

Je laisse au lecteur attentif le soin d'apprécier ces espérances sur la rentrée de l'emprunt. L'auteur de l'examen impartial compte beaucoup, surtout, sur les créances de l'arriéré; mais alors quelle ressource pécuniaire
en reviendra, pour le moment, au Gouvernement? Car n'oublions pas
qu'il faut prélever 100 millions en numéraire pour la caisse d'amortissement, et qu'il faut, de plus et de suite, un supplément en argent, attendu
de l'emprunt, pour faire face aux dépenses de 1816? Je le dis, sans crainte
d'être contredit, pas un écu disponible ne reviendrait au Gouvernement
de cette belle opération, dans la situation actuelle des choses.

Supposons néanmoins que l'emprunt reçoive un commencement d'exécution, qu'en résultera-t-il pour la régénération du crédit public? Laissons
parler M. B...... il nous l'apprendra lui-même :

« Cette augmentation (de la dette inscrite) n'a pu avoir lieu qu'au préju-
« dice des anciens rentiers; car *lorsque les fonds publics ne sont pas au pair*
« *toute nouvelle émission tend à avilir davantage le cours*, et n'est dès-
« lors qu'un emprunt déguisé mis sur tous les propriétaires de rentes, et
« qui agit en *réduisant proportionnellement la valeur de leurs capitaux*
« du montant de la valeur des nouvelles rentes émises, et même dans une
« proportion plus forte. » *Opinion et observations d'un créancier de*
« *l'État*, pages 220 et 221.

En vain nous répond-on que toutes ces rentes ne seront pas flottantes sur la place , et que le fond d'amortissement les_absorbera entièrement : je dirai que la partie de la dette publique flottante à la bourse est en ce moment en très-petite quantité, et cependant le cours est stationnaire entre 61 et 62. (1) A quel taux l'imagine-t-on, soyons de bonne foi , si les plans proposés recevaient toute leur exécution ? N'en doutons point, la fortune des rentiers de l'Etat serait une seconde fois bouleversée et le crédit public perdu pour toujours.

Écoutons encore M. B...... lui-même.

« Quant à ceux qui prêchent l'inscription forcée (et son emprunt de 400 « millions n'est qu'une inscription forcée déguisée) de la dette exigible sur « le grand livre, sans chercher à les élever jusqu'aux considérations qui « précèdent où ils ne voyent qu'une complication inutile, parce que leur « intelligence n'a pu les pénétrer, je leur répondrai : si vous ne croyez « devoir aucun ménagement aux créanciers de la dette exigible, devriez- « vous envelopper dans la même ruine tous les créanciers inscrits, et faire « retomber sur eux le discrédit qui résulterait d'une création forcée et « illimitée de cinq pour cent consolidés ? *Idem*, page 39.

Enfin, pour abréger cette partie de notre tâche qui nous semble bien longue et qui est la plus fastidieuse, nous ferons encore une dernière citation :

« Le crédit public, en France , est *sans base* et sans appui ; en Angle- « terre *il est fondé.*

« Il est, suivant les circonstances, plus ou moins facile en France , « comme dans tous les états, de relever le crédit d'un ou de plusieurs « effets publics, de tous même ; nous en avons de nombreux exemples. « Je pourrais les citer, en montrer les causes : mais comme le crédit public « ne se rattache à aucune institution nationale ; qu'il n'est ni dans les habi- « tudes du Gouvernement, ni dans celles des administrations; (on aurait « pu ajouter ni dans celles des particuliers) qu'il ne repose que sur les « principes d'un *Ministre passager*, il est *toujours chancelant*, *tran-* « *sitoire*, *sans force et sans étendue*. Dans ses momens les plus brillans, « quand les 5 pour 100 étaient au-dessus de 80 f., et les autres effets au pair,

---

(1) Aujourd'hui, 13 février, la rente est à 61 f 80 c.; ôtez 2 f. 50 c. pour le coupon du semestre à retirer prochainement, reste 59 f. 30 c. pour le cours.

« on *n'auráit pas emprunté* cinquante millions *sans renverser le crédit.* Il
« n'atteint et n'emploie qu'une somme presque fixe et en quelque sorte
« flottante à la bourse, que des capitalistes hasardeux consàcrent aux spé-
« culations sur les effets publics. La vraie cause de cet état languissant et
« maladif du crédit, au moment même de sa plus grande vigueur appa-
« rente, c'est qu'il n'est pas fondé. » *Examen impartial,* pages 93 et 94.

Nous venons d'entendre M. B...... lui-même ! Sa conséquence c'est qu'il
faut fonder le crédit.

Comment espère-t-il de le fonder en quelques mois et de le rendre in-
vulnérable et productif à son commandement ? Le crédit est-il comme un
mode qu'on introduit à volonté dans une administration ? Ou une graine
qu'on sème avec certitude de récolte ? N'est-il pas, au contraire, fils de la
persuasion et de la confianc, comme son étymologie l'indique ?

Sans doute, le crédit n'est point une plante exotique et impropre à
notre climat, mais il faut la soigner avec prudence et précaution, comme
on fait d'une culture abandonnée depuis long-temps : lui demander cette
année quatre cents millions, ce n'est pas l'essayer, c'est le perdre ; c'est attendre des efforts vigoureux d'un corps faible et des fruits succulents d'un
arbre desséché.

Nous venons de voir que cet emprunt de 4oo millions ne pouvait avoir
lieu, et nous avons prouvé que s'il avait même un commencement de
réalité, le crédit public et la fortune des rentiers en seraient bouleversés.

Passons aux grands avantages du Budget de l'auteur de l'examen impartial.

Le budjet gé-
néral de M. B. M. B...... nous le donne de quinze mois pour qu'il soit plus clair ; je
doute que cet effet soit produit, surtout par l'empiétement inévitable d'une
année sur l'autre, plus défectueux encore dans son plan ; ce qui reproduit
tout l'inconvénient qu'il reproche à l'exercice. Qu'importe que le mot soit
barbare, s'il désigne bien, à défaut d'autre, ce que nous voulons dire !
l'essentiel c'est de payer et de solder l'année qui fuit, d'abord et naturellement avec les fonds de la même année, et à défaut, avec les premières
ressources de l'année suivante ; ce qui se ferait en ne mettant rien à l'arriéré. Mais cette difficulté ne s'évite qu'avec assez d'argent, et le plan de
M. B...... nous menace d'un entier épuisement.

Allons droit au résultat dudit Budget.

La situation des choses au commencement de 1817 nous l'indique d'après ses propres chiffres.

L'arriéré sera encore, en supposant toutes ses espérances réalisées , de trois cent quarante-un millions six cents mille fr., ci   . 341,600,000 (1)
A quoi il faut ajouter :

Dépenses ajournées par M. B...... sur les états 7 et 9 D du Budjet de 1815 , cinquante millions , ci. 50,000,000 (2)

Etat 10°. 1813, cent treize millions, ci 113,000,000 (3)

Remboursement de l'emprunt de 100 millions dont la moitié seulement est portée au Budget départemental de la façon de M. B..... cinquante millions, ci 50,000,000

Total au 1ᵉʳ. janvier 1817, cinq cent cinquante-quatre millions six cents mille francs , ... 554,600,000

Et 25 millions de rentes inscrites au grand-livre de la dette publique , ci 25,000,000

Sur quoi il convient de déduire la portion rachetée pour les 100 millions d'amortisse-ment , que je suppose au plus haut de . . . 5,000,000

Reste rentes inscrites 20,000,000
Lesquelles au pair , d'après M. B...... 400,000,000

Total neuf cent cinquante-quatre millions six cents mille francs, ci 954,600,000

Ainsi en supposant que tout aille ainsi qu'il est dit , la dette , qui, au 1ᵉʳ. janvier 1817, emprunt de 100 millions compris , était de 796,228,948

sera augmentée au 1ᵉʳ. janvier 1817 , de 158,371,052 (4)

---

(1) Le tableau de M. B.... porte 344,600,000, mais il y a erreur d'addition ; je ne veux pas avoir ces 3 millions sur ma conscience.

(2) Voir la note *l* du tableau de M. B....

(3) Voir la note *m* dudit tableau.

(4) Le Budget départemental nous offre en outre cette singularité , que les trois contri-butions, mobilière, patentes et portes et fenêtres , sont frappées du doublement, ce qui

Si M. B..... répondait que deux cents millions sont dans son Budget à recevoir en 1817, je lui répliquerais que la même somme manquera à cette année pour n'être reçue qu'en 1818, et ainsi de suite.

Voilà le résultat qu'on veut atteindre en y consacrant des moyens extraordinaires que notre situation, que la prudence réprouve et qui, j'ose le dire, pourraient amener une catastrophe dans les finances et le crédit public, au lieu de les relever !

Passons au plan de M. H....., où nous ne trouverons pas plus de solidité.

---

fait seulement 71,301,000

Deux années de non valeurs sur lesquelles on ne peut compter. . . . 19,000,000

Total. 90,301,000

Et d'autres sommes pour 40 millions, ainsi que le tableau l'indique.

CHAPITRE IV.

Plan de M. H...., intitulé : Essai sur les Finances (1).

Le projet de M. H...... offre les mêmes inconvéniens ; l'un et l'autre sont fondés sur la même supposition , qu'il sera facile , au moyen d'une caisse d'amortissement bien dotée , de puiser , dans le public , par émission de rentes sur le grand-livre, autant de centaines de millions en capital qu'on aura besoin ; au point que dans leur système , en portant l'amortissement à 200 millions, par exemple , on aurait avec la même facilité un milliard d'espèces sonnantes et ainsi de suite. Je laisse à penser sur quel fondement est bâti l'édifice que ces deux écrivains veulent élever.

Celui-ci se distingue de celui du précédent par un plus grand fond de confiance. L'auteur de l'examen impartial ne demande que quatre cents millions en 1816. M. H...... en a besoin pour cette année de   554,500,000
en 1817 de 502,000,000
en 1818 de 155,000,000
en 1819 de 155,000,000
et en 1820 de 155,000,000

Total quinze cent vingt-un millions cinq cent mille francs. 1,521,500,000

Ce qui peut faire environ 100 millions de rentes à porter sur le grand-livre.

Nous devons tenir compte à l'auteur de l'amortissement de sa caisse qui n'est dotée que de soixante-dix millions, mais qui éteindra assez de capital et d'intérêts, de manière , qu'en résumé, la dette publique ne sera augmentée, suivant lui, en 1821 , que de soixante-seize millions de rentes, et en capital de quinze cent millions seulement, l'auteur encore n'ayant emprunté qu'au cours de quatre-vingts.

---

(1) *Essai sur les Finances,* par M. H...., premier commis des Finances, commissaire royal du cadastre.

5

Je ne suivrai point l'auteur de l'*Essai sur les Finances* dans ses rai-
sonnemens : c'est toujours la même préoccupation d'idée, la supposition
que les emprunts seront remplis avec la même facilité qu'en Angleterre.
« Je doute si peu du débit des rentes, s'écrie M. H....., que je crains que
« les Anglais n'en achètent trop, car ils ne placent leur argent chez eux
« qu'à quatre et demi; mais s'ils en achetaient, nous aurions encore l'avan-
« tage de faire rentrer en France une partie du numéraire que le payement
« des sept cent millions en fera sortir. »

Eh ! monsieur, votre crainte est chimérique, et ces mots ne peuvent s'adres-
ser qu'à des gens faciles à séduire et qui n'ont aucune connaissance de la
question et surtout de la bourse de Paris, où présentement on peut
acheter autant de rentes qu'on le désire à soixante francs; c'est-à-dire à
huit pour cent, un tiers d'intérêts, soit comptant, soit à terme, ce qui est
la même chose, à présent que le paiement des semestres est au grand
courant; à présent que la dette inscrite du Gouvernement est modérée,
et ne peut donner la moindre inquiétude sur sa solidité.

Certes, on ne peut s'empêcher de sourire, en voyant l'abus que des
gens d'esprit font du système qu'ils ont adopté; maladie de l'homme, qui le
porte à généraliser sa propre idée, en y coordonnant tout ce qui la
contrarie !

Et voilà les projets pour lesquels on s'est disputé la priorité dans les
feuilles publiques !

L'erreur où sont tombés ces deux auteurs et tous ceux qui exaltent,
outre mesure, le système d'emprunt, provient, sans doute, de ce principe
de Colquhuun, qu'ils ont admis sans restriction; que plus un Gouvernement emprunte, plus la richesse de l'Etat s'accroît par l'augmentation de la
masse des capitaux. Mais ce principe, juste peut-être à l'égard de l'Angleterre, où la balance favorable du commerce donne chaque année un accroissement considérable de fortune à la nation, accroissement que le gouvernement anglais peut et doit absorber à son avantage et à ceux des particuliers, ne peut s'appliquer à la France, où la balance du commerce ne donne pas
de si grands bénéfices, à la France, où les capitaux sont déjà plus rares, et
trouvent bien d'autres canaux d'activité encore vides pour les pomper et
les prêter à l'industrie, et surtout à un pays dont le sol immense n'est pas

encore porté, faute de capitaux suffisans, à toute la valeur dont il est susceptible.

« Je ne nie pas cependant, dit l'auteur anglais, que ce système ne puisse
« être porté trop loin ; mais, si la richesse du royame doit s'accroître,
« comme elle l'a fait pendant les seize dernières années, je demanderais
« quel est le point, quel est le terme où il faudra s'arrêter, et qu'il ne fau-
« dra pas dépasser. »

Cette seule citation donne la clef du système anglais, et montre qu'il ne peut s'appliquer à la France qu'avec beaucoup de réserve. Il faut considé-rer aussi jusqu'à quel point les contributions des peuples peuvent suppor-ter les intérêts d'emprunts et les moyens d'amortissement. « Ainsi, dit
« encore l'auteur anglais, les bornes des impositions possibles seraient le
« terme où doit s'arrêter la marche de cette opération ; c'est la nécessité
« qui donne la solution de ce problème. »

Mais laissons ces aventureuses combinaisons ; craignons de nous embar-quer sur une mer semée d'écueils et féconde en naufrages. Préparons nos agrès et surtout notre lest ; laissons passer la saison des tempêtes ; et ne confions qu'à des flots tranquilles et au présage d'un horizon radieux les destinées de notre voyage.

CHAPITRE V.

Examen du Budget proposé par le Ministre.

J'ai dit que le Budjet du Ministre était le meilleur plan de finances proposé jusqu'à présent, sauf les modifications importantes dont il est susceptible, et qu'il renfermait en lui-même le véritable germe du crédit public.

La proposition de cette loi de finances de 1816, ou plutôt l'ensemble de tous les projets de lois qu'elle renferme, se divise en trois parties générales bien distinctes.

1°. Le solde de tout l'exercice de 1815, à l'exception de la portion mise à l'arriéré. Dans ce solde est compris l'emprunt de 100 millions;

2°. Le Budjet de 1816 proprement dit;

3°. Le paiement de l'arriéré renouvelé de la loi du 23 septembre 1814.

C'est l'ordre que nous allons garder dans notre examen, afin d'en déduire une combinaison meilleure, s'il est possible, d'un Budjet général des finances pour 1816. — 20.

Exercice de 1815.

Le solde de 1815 comprend cette portion de 130,433,000 de fr. mise à l'arriéré. La légitimité de cette dette est regardée généralement comme douteuse. Nous partageons l'opinion que cette partie, qui se rapporte aux cent jours de l'interrègne, mérite une sévère distinction : en conséquence dans notre plan, sauf une plus grande rigueur, nous la placerons à la suite de tout l'arriéré : c'est d'ailleurs conforme à l'ordre d'antériorité que nous nous sommes prescrit; seulement nous n'y attachons aucun intérêt.

*Le remboursement de l'emprunt de cent millions, mis au premier rang de nos engagemens, a paru généralement prématuré. J'ai consulté l'opinion et de ceux qui ont payé de bien bon cœur pour prouver leur attachement à leur patrie et à leur Roi vénérable, et de ceux qui n'ont pas payé avec tant d'empressement et de patriotisme, mais qui n'ont pas moins satisfait au vœu de la loi : les premiers, si j'en juge d'après mes sentimens, n'exigent pas une telle ponctualité de remboursement, qu'ils ne se prêtent volontiers à un atermoyement nécessaire. J'ose dire que les seconds ne se sont pas flattés d'une si prompte libération à leur égard : ceux qui ont payé sans contrainte sont de bons Français, attachés à leur patrie et à leur Roi; ils ne chicanent pas sur l'intérêt de leur argent : les autres, qui ont payé de mauvaise grâce, se trouveront trop contens de recevoir leur paiement intégral. Enfin, un emprunt forcé n'est pas un contrat synallagmatique; il a un rapport bien intime de consanguinité avec l'impôt; c'est au remboursement qu'il se distingue. Payons, quoique un plus tard, et nous serons réputés honnêtes gens.

Ce remboursement ne se fait d'ailleurs, suivant la proposition du Ministre, qu'au moyen d'une contribution extraordinaire de cinquante centimes par franc sur les quatre contributions directes, foncière, personnelle et mobilière, portes et fenêtres et patentes; c'est proprement une régularisation dudit emprunt.

Mais cette régularisation, au moyen de cette subvention extraordinaire, est une nouvelle charge immense, dont le moindre inconvénient sera d'appuyer sur les malheureux le contre-coup d'un secours qu'on n'a pu raisonnablement demander qu'aux habitans les plus aisés. Un autre inconvénient et son vice radical, c'est que relativement aux contributions de l'exercice de 1816, surtout à l'égard des foncière, portes et fenêtres et patentes, elle en retardera le recouvrement ordinaire; ce qui peut compromettre sérieusement le service courant.

Je supprime donc la presque totalité de cette subvention sur les trois contributions foncière, portes et fenêtres et patentes. Ne leur demandant pour 1816 seulement que quinze centimes; mais je double la contribution mobilière et personnelle; contribution la mieux repartie, la plus légère et qui se percevra sans contrainte, et je pourvoie, aux moyens de ces supplémens légers de contributions, aux dépenses, fournitures, fonds de dégrèvemens et indemnités aux départemens qui ont le plus souffert, et portés au compte du Ministre, à prélever, sur la subvention qu'il propose, à 61 millions 57 mille francs; somme que je laisse intacte, en la portant au Budjet de 1816.

Remboursement des 100 millions renvoyé en 1817.

Et je renvoie le remboursement de l'emprunt de 100 millions à l'année 1817.

Budget de 1816 proprement dit.

Le Budjet de 1816, ainsi que les rapports qui y sont relatifs, offre la confirmation de cette vérité importante que nous avons rappelée, qu'il ne convient pas à notre situation actuelle de rien changer, pour le moment, au système de nos contributions, tout pesant qu'il soit pour les contribuables, dont le soulagement peut être désiré, mais ne saurait être effectué cette année.

Il présente, au contraire, une augmentation dans les contributions indirecte et une série de nouveaux droits, dont quelques-uns nous paraissent trop onéreux, impolitiques ou en opposition aux principes admis en matière d'impôts.

Notre plan de finances ne reposant point sur des abstractions et des théories, mais sur des données précises que leur simple énoncé peut justifier, nous ne venons pas, à l'instar de beaucoup d'autres, supprimer, retrancher, effacer des chiffres à un projet de ministre, pour en substituer d'autres plus spécieux dans le discours, mais peu lucratifs pour le trésor. Je ne pense pas qu'on puisse concevoir une bonne combinaison de nos ressources en amoindrissant, outre mesure, celles que le Gouvernement a jugé probables.

Il y a cependant dans la proposition du ministre des droits qui paraissent intolérables.

Droit sur les transports impolitique, inégal et nuisible à la circulation des denrées.

Tel est le droit sur les transports. Si la politique doit être consultée dans l'établissement d'un impôt, celui-ci mérite toute sa sollicitude ; il est un de ceux, peut-être, qui offre le plus d'aliment à la malveillance et le plus d'occasion aux colporteurs de plaintes et de mauvaises nouvelles.

Sous le rapport de l'industrie et du prix des denrées, il aura une fâcheuse influence sur le renchérissement de plusieurs ; sur l'encombrement et le défaut de circulation de quelques autres ; il occasionnera des vexations, il mettra des entraves au commerce, et reproduira presque les inconvéniens du droit de passe. Le plus radical de ses défauts, c'est qu'il est d'une inégalité extrême en égard à la marchandise, puisqu'étant établi sur le poids, il y aura des objets qui ne pourront le supporter ; ce qui aurait été évité en le fixant proportionnellement au prix de la voiture. Ainsi, les vins paieront environ 2 fr. par quintal métrique du Languedoc à Paris, autant que les eaux-de-vie triples et quadruples de valeur ; les graines céréales, dans le même trajet en sens inverse, supporteront un droit du dixième de leur valeur, ce qui mettra un obstacle dangereux à leur circulation, dans le temps disette, dont les départemens méridionaux soufriraient particulièrement (1).

Quant à son produit, il n'est pas probable qu'il rapporte net plus de dix millions : je le supprime dans mon projet.

Tel est encore le droit sur les huiles, le plus inique, le plus pesant de tous les droits qu'on ait pu imaginer, droit subversif de ce principe fondamental et rigoureux, que l'impôt doit être général et n'affecter aucune partie de la population en particulier.

On a dérogé à ce principe à l'égard des récoltes qui fournissent les boissons ; hors ces productions d'une consommation toutefois générale, il n'y a aucun exemple d'une contribution mise sur une récolte, surtout avant d'être entièrement perfectionnée, et, pour ainsi dire recueillie.

Nous disons que ce droit n'attaque qu'une classe particulière de la population, qu'un petit nombre seulement de départemens faciles à énumérer : le Var, les Bouches-du Rhône, quelques communes de celui de Vaucluse, une partie du Gard, de l'Hérault, des Pyrénées-Orientales, une petite lisière est de l'Aude, dans le midi pour les huiles d'olives ; le Pas-de-Calais, la Somme, le Nord pour celles de graines dans le nord : voilà les parties de la France qui supporteront particulièrement tout le poids, et tout l'odieux de cet impôt d'un nouveau genre.

Et dans quelle proportion ? Dans celle d'un sixième de la valeur sur les huiles d'olive, et d'un huitième environ sur les huiles de noix ou de graines (2).

---

(1) On doit observer encore que, sur beaucoup de routes, les retours sont moins chers que les envois directs, et cela suivant le cours des rivières ou la rareté des expéditions ; ainsi le demi-quintal métrique de 50 kilogrammes, qui coûte 14 ou 15 fr. de Marseille à Paris, ne vaut ordinairement que 6 à 7 fr. de Paris à Marseille, et proportionnellement bien moins à partir de Châlons S. S. ou de Lyon, à cause de la direction droite de la Saône et surtout du Rhône, aussi facile à la descente que long et difficultueux à remonter. Ainsi le droit serait d'un $\frac{1}{6}$ du prix de la voiture.

(2) Le droit est fixé à 20 c. le kilogramme sur les huiles d'olive, et à 10 c. sur les

Et comment encore ce droit est-il perçu? A la fabrication! ensorte que le malheureux propriétaire d'oliviers devra porter au moulin, avec ses olives, la valeur numéraire de la sixième partie de sa récolte pour la posséder entièrement! Ensorte qu'après l'avoir sauvée pour ainsi dire de la stérilité de l'année ou de l'intempérie des saisons, il faudra qu'il l'achète encore de la main du fisc, doublement propriétaire alors, et du fond par la contribution foncière, et de la récolte par le droit de fabrication!!!

A-t-on bien calculé les conséquences d'un pareil impôt? Et à quelles parties de la France le demandez-vous? à celles qui ont donné les preuves les plus éclatantes et les plus fortes d'attachement à la cause royale, à des départemens méridionaux, à une population laborieuse, économe, sobre, et pour cela plus sensible à son intérêt; à des gens irascibles, vindicatifs, impatiens, faciles à exaspérer, à qui les agens de la régie n'arracheront pas impunément un droit excessif, inouï dans les pages du fisc, je dis plus, un droit impossible à percevoir.

Il y aurait également une distinction à faire entre les huiles d'olive destinées particulièrement à la consommation des départemens méridionaux, et les autres huiles propres seulement à l'éclairage et aux arts et fabriques, et par conséquent d'un usage plus général. Depuis les hivers de 1789 et de 1794 les premières sont bien moins abondantes; le département des Bouches-du-Rhône qui, avant la première mortalité, exportait environ cent vingt mille quintaux (1), poids de Provence (quarante-sept mille quintaux métriques), n'en produit peut-être pas maintenant vingt mille quintaux métriques. C'est ce département, avec celui du Var, qui a le plus d'oliviers. On pourrait donc assurer que tous les départemens méridionaux, cultivant l'olivier, ne donnent pas actuellement plus de soixante mille quintaux métriques, ce qui ne donnerait au fisc qu'un droit de douze cent mille

Peu productif.

---

autres. Or, le prix commun des huiles d'olive, dans le midi, est de 60 f. le demi-quintal métrique, 60 c. la livre commune. Les huiles de graines ne peuvent valoir plus de 40 à 45 f. le demi-quintal.

(1) Suivant la statistique du département des Bouches-du-Rhône, par Michel d'Eyguières, autorité compétente sur cette matière.

francs environ. N'oublions pas encore que l'huile d'olive est de première nécessité dans le midi de la France. C'est le beurre de ces contrées (1).

Les autres huiles ne donneraient guère que deux à trois millions.

Si un droit sur les huiles était proposable, ce ne pourrait être que sur les huiles d'éclairage et de fabrique, mais seulement percevable à l'entrée des villes ; autrement il n'y faut point songer.

Je le supprime dans mon projet.

Je saisis cette occasion que j'ai d'écrire sur une matière de finances, pour proposer la suppression d'un droit inconvenant pour ne pas dire plus. Il faut qu'il ait échappé à la discussion lors de l'admission du tarif ; je veux parler du droit d'enregistrement proportionnel sur les billets à ordre lors de leurs protêts, tandis que les lettres de change, qui ne sont pas d'une autre nature, en sont exemptes. M. Sabatier s'élève justement et avec beaucoup de force contre l'iniquité de ce droit qui s'exerce contre des gens assez malheureux, ou de perdre une portion de leur fortune, ou de n'avoir pu faire face à leurs engagemens.

Inconvenance du droit proportionnel sur les billets à ordre et sur les bilans des faillis.

Il y a le même reproche à faire aux droits sur le bilan d'un failli qui retombent sur des créanciers malheureux. On peut dire que ce sont deux espèces de droits mis sur l'infortune. Certes il serait bien temps de faire disparaître de telles inconséquences. Ces droits d'ailleurs sont peu de chose pour le fisc.

Il y a de nombreuses améliorations à faire, des adoucissemens à accorder, des sujets de vexation à faire disparaître dans la plupart des autres nouveaux droits proposés ; ils éprouveront sans doute, lors de leur discussion à la Chambre des Députés, les restrictions dont leur législation est susceptible. J'ai porté trois millions en diminution dans mon budget pour ces divers objets.

Plusieurs des anciens produits au contraire peuvent supporter quelque augmentation considérable, sans gêner le consommateur ni nuire aux re-

---

(1) Il faut considérer aussi, au désavantage des possesseurs d'oliviers, qu'ils ne peuvent pas, comme les récolteurs de semences oléagineuses, attendre un temps opportun, un temps pécunieux pour aller au moulin : l'olive cueillie, il faut la triturer. Comment donc trouver en argent le sixième d'un revenu brut ?

cettes, et principalement le droit sur le sel qui, de plus, ne rend pas au trésor, tel qu'il est taxé, tout ce qu'il pourrait produire.

Infériorité du produit de la taxe sur le sel.

Cette branche, la plus importante de nos revenus avant la révolution, qui, très-illégalement assise, produisait alors 85 millions brut et 68 à 70 millions net, n'est comprise au budget du ministre que pour 55 millions à trois décimes le kil., 15 c. la liv. commune.

M. Sabatier, dans l'ouvrage que nous avons déjà cité, s'élève avec raison contre la faiblesse de ce produit. Il montre que la consommation que ce produit suppose 9 $\frac{62}{100}\frac{1}{2}$ kil. est en contradiction, d'abord avec la consommation de la France avant 1789, évaluée généralement à quinze $\frac{1}{2}$ kil. par tête; évaluation qui n'a jamais été supposée pouvoir être moindre, mais qu'au contraire on croit devoir être réellement de dix-huit, à cause de la modicité uniforme actuelle du prix de cette denrée, et encore parce que la contrebande étant considérable sous l'ancien régime, par la différence de prix d'une partie de la France à l'autre, les résultats déduits des recettes de la Ferme générale, donnent un taux de consommation moindre que le taux de la consommation réelle.

« Lorsqu'une denrée de première et indispensable nécessité, dit M. Sa
« batier (1), éprouve de très-fortes réductions de prix; que, par ce motif
« et la forte diminution de la taxe à laquelle elle avait été assujétie, elle
« n'impose plus les mêmes privations, n'est-il pas naturel de penser que *la*
« *consommation doit en être plus considérable?*

« A en juger par les produits de la taxe du sel, tels que je viens de les
« énoncer, et en les comparant à la consommation de cette denrée, qui
« avait lieu avant 1789 (époque à laquelle le prix du sel était très-élevé
« pour la plus grande partie des habitans de la France), ne doit-on pas être
« bien surpris de voir que les comptes des deux Ministres, que je viens de
« rappeler, donnent à entendre tout le contraire de ce qui semble se pré
« senter si naturellement? C'est-à-dire qu'il paraît, d'après leurs données,
« *qu'on consomme moins de sel dans ce moment, où il est à très-bas*
« *prix, qu'avant 1789, où le prix de cette denrée était excessif.* »

---

(1) *Des Recettes et des Dépenses publiques de la France,* par M. Sabatier, ancien préfet de la Nièvre, pages 65 et 66.

Il y a donc un vice essentiel dans la surveillance du fisc, à ce sujet, qui fait que la consommation est réduite à 9 $\frac{62}{100}\frac{1}{2}$ kil. sur l'ancienne population de 24,800,000 âmes, ou même seulement à 8 $\frac{10}{100}$ sur la population actuelle, présumée 28,392,743, d'après les états de population énoncés dans le compte rendu au Corps-Législatif, le 25 février 1813.

Ecoutons encore M. Sabatier.

« Que résulte-t-il définitivement de l'évidence des détails dans lesquels « je suis entré, relativement au versement effectué au trésor public au « moyen de la taxe sur le sel ? C'est que, de quelque manière qu'on veuille « considérer le produit de cette-taxe, les 30 et les 35 millions portés par « M. le baron Louis, ou même les 43,600,000 établis dans le dernier « compte de M. le duc de Gaëte, sont infiniment au-dessous de la somme « que le peuple a réellement acquittée, et qu'il est de la dernière urgence « de prendre des moyens pour faire cesser un *genre de dilapidation*, qui « exige nécessairement que le Gouvernement prélève d'autres taxes pour « acquitter les dépenses publiques, ou *qu'il se prive de la satisfaction de* « *supprimer d'autres impôts*, ou de les réduire pour en alléger le poids. « *Ibid.*, pag. 81 et 82. »

Il faut donc que le Ministre rende compte à la Chambre des causes qui font que la taxe sur le sel ne donne pas son véritable produit. Il faut surtout qu'il fasse cesser ces causes qui existent nécessairement.

M. Sabatier indique deux moyens excellens pour prévenir ce genre de dilapidation; l'un par un entrepôt pour le compte du Gouvernement, *dans les lieux mêmes où le commerce les a établis*, où on livrerait le sel au commerce, à raison de l'impôt à quinze ou vingt centimes le demi kilogramme, ainsi que la loi le déterminerait.

L'autre moyen, qui me semble moins sûr, serait, à défaut, d'étendre à une distance plus considérable, jusque même sur le cours des rivières et canaux, la surveillance autorisée par la loi du 11 juin 1806, qui ne s'exerce qu'à trois lieues de rayon des marais salans ou des salines. (Voir page 82 à 87 du même ouvrage.)

Je conclus donc que la taxe sur le sel pourrait être facilement portée à cinquante millions, au prix actuel de trois décimes par kilogrammes.

M. Sabatier ne craint pas de compter, à ce prix, sur un produit de soixante-dix à soixante-onze millions à dix-neuf $\frac{1}{2}$ kil. par tête, mais qui, à quinze seulement, ne donnerait que 55,800,000.

Fixé à 45 millions. Je porte donc dans mon projet de Budget cet article à dix millions (1) seulement de plus que la fixation du ministre, excédant certain qu'on atteindra par la répression de la contrebande, ou enfin, si l'urgence des besoins ne permettait pas d'attendre le fruit de cette amélioration inévitable, en portant le droit à quatre décimes (vingt centimes le demi-kilogramme) comme en 1813 (2).

Je suis arrivé enfin à l'article du Budget du ministre qui offre le plus matière à réflexion, et sur lequel je ne crains pas de dire franchement mon avis, et de provoquer même une discussion publique ; car c'est une question qui se rattache aux règles les plus strictes d'équité et d'économie politique : l'article des retenues.

Infériorité des retenues. Il est porté dans ledit Budget à treize millions.

Suivant l'ordre des contributions sur les revenus, il devrait s'élever au moins à trente millions.

Ce ne serait pas une des leçons la moins profitable de l'histoire que celle qui résulterait du tableau fidèlement tracé de la marche toujours croissante des contributions des peuples : elles s'accrurent en raison de la grandeur de la société et des progrès de sa civilisation. La preuve de cette vérité, c'est que les tributs considérables qui se levaient sur les sujets de l'empire romain dans sa plus grande splendeur diminuèrent ensuite en France après l'établissement de la monarchie, et jusque bien avant les rois de la troisième race. Mais les même causes ont bientôt ramené le même fléau. Enfin, l'ambition des princes à l'égard de leurs voisins, et leur inquiétude à l'égard de leurs sujets, ont introduit en Europe un ordre de choses tel que les revenus domaniaux des couronnes, augmentés de quelques contributions légères, n'ont plus suffi au maintien de l'autorité au-dedans, et moins encore à l'attitude d'une rivalité jalouse au-dehors, l'établissement des troupes réglées et leur permanence, la grandeur des états, les progrès du luxe,

---

(1) A 45 millions, au lieu de 35.

(2) Une observation importante à faire, c'est qu'en 1812, à 2 décimes seulement (10 c. le demi-kil.), le sel a produit 47,119,541 fr. dans la partie de la France actuelle, ce qui faisait une consommation de 19 liv. par tête.

et mille autres causes trop longues à déduire, ont rendu les contributions immenses, et la science du fisc est devenue la première science des gouvernemens modernes. On a épuisé tous les genres d'impôts, on a recherché
toutes les sortes de revenus, et, dans la nécessité de n'oublier personne, on
est enfin parvenu au point de surcharger presque tout le monde.

De là, le principe toujours plus rigoureusement senti d'une égale répartition, et la fréquentation de toutes les voies pour l'obtenir.

Comment se fait-il donc qu'un revenu immense dans l'Etat, parfaitement
connu, sans non-valeur imprévue, et tout à fait à la portée du fisc, ait
échappé jusqu'à présent à son attention ou à sa volonté, et n'ait jamais été
atteint?

La politique nous indique peut-être ce ménagement en faveur d'une
classe immense d'usufruitiers; mais cette raison subsistera-t-elle éternelle-
ment? et la puissance du Gouvernement ne peut-elle être bien établie aujourd'hui sans l'inconvenance toujours plus sentie d'une semblable partia-
lité? Ce que le ministre propose cette fois ne montre-t-il pas que cet abus
commence à paraître monstrueux?

Je ne doute point que la législation ne s'occupe un jour de soumettre
aux charges de l'état, comme elle y a soumis le revenu foncier, comme
elle y a soumis le revenu industriel, le revenu plus certain, et plus palpable encore, des emplois et gages publics.

Ce revenu est considérable et mérite une attention sérieuse; il n'est pas
moindre de trois à quatre cent millions.

Au dixième, il donnerait trente à quarante millions de contribution annuelle, perçue sans frais, sans contrainte et sans non-valeur.

Dans la situation actuelle, lorsque la France doit faire usage de toutes
ses ressources pour sortir avec honneur et sans froissement de ses embarras
financiers, quel Français a-t-il accueilli avec murmures la proposition faite
par le ministre d'une retenue sur les traitemens publics? Cette mesure,
commandée par la nécessité et la justice, a reçu une approbation unanime;
approbation qui est le plus bel éloge du patriotisme de ceux qui y sont
soumis.

Mais je trouve que le tableau de cette retenue, très-bien calculé dans la
partie des traitemens supérieurs, n'offre pas tout ce qu'il pourrait équita-
blement produire dans les classes inférieures, en remontant de la neuvième

classe à la première du tableau, qui est la dernière dans l'ordre d'infériorité.

Je ne prends pour exemple que la première classe de 500 fr. à 1000 fr.; retenue 5 fr. à 10 f.

Je le demande à tout homme sensé et impartial qui a vu de près la gêne des propriétaires, et qui connaît tout le poids des contributions foncières, quel rapport existe-t-il entre cette ridicule contribution de cinq ou de dix francs sur un revenu certain de 500 ou de 1000 francs, et le cinquième, et quelquefois le tiers, comme dans ces années désastreuses, imposé sur un revenu foncier, incertain, qu'il faut qu'un pauvre cultivateur ou un petit propriétaire demande à la terre, en l'arrosant souvent de ses sueurs, et au moyen d'un capital considérable, fruit du travail de ses pères ou de celui de sa vie entière passée dans les privations?

Je vous le demande, un petit emploi de 500 francs, que celui qui l'exerce accumule souvent avec une autre industrie, ne saurait-il subvenir au secours d'un gouvernement, source de son aisance, pour la modique somme de vingt-cinq francs (deux francs huit centimes par mois), tandis qu'une pauvre maison qui tombe en ruine, une petite métairie dont tout menace le revenu, paye sur la même somme, grevée quelquefois de dettes, cent ou cent cinquante, et même deux cents francs à l'Etat?

Il est à propos de faire cesser cette disparate choquante, non pas en demandant aux traitemens publics tout ce qu'ils peuvent donner raisonnablement, mais en rectifiant le tableau des retenues depuis la première classe jusques et compris la huitième, et fixant le *minimum* des retenues à cinq centimes par franc.

<table>
<tr><td>Fixée à 8 millions de plus, c'est-à-dire à 21 millions.</td><td>Ces classes comprennent les traitemens les plus nombreux : on obtiendra ainsi facilement, sur toutes les retenues, les deux tiers de plus de la somme fixée par le ministre, c'est-à-dire, en totalité, vingt-un millions six cent mille francs. Je ne porte cet article qu'à vingt-un millions.</td></tr>
</table>

Il y aurait pour la compléter peu d'inconvéniens à soumettre les autres traitemens inférieurs à la retenue sur le pied de trois et quatre pour cent; ainsi un emploi de 300 fr. payerait 9 fr., un de 400 fr. 16 fr. : c'est-à-dire, le premier, 75 c. par mois; l'autre, 1 fr. 33 c.

On ne peut faire d'objections raisonnables à ce nouveau tarif. Ne

demande-t-on pas une contribution personnelle aux ouvriers les moins for-
tunés?-Avec cette extension, les retenues s'éleveraient à 3o millions.

Je n'ajouterai rien à ce que j'ai dit, page 25, sur l'abandon fait par le Roi de *Abandon par la liste civile.* dix millions sur sa liste civile et celles des princes. Cette noble résignation sera pour eux le sujet des bénédictions des Français, et pour leur posté-rité, le plus beau titre à l'attachement et à la fidélité de nos neveux.

La dernière observation que j'ai à faire sur le Budget du ministre, est *Supplémens de cautionnemens percevables en deux ans.* relative au supplément des cautionnemens. Pour en faciliter la rentrée, et donner plus de temps à ceux que cela regarde, je propose d'en régler le payement en deux parties, savoir : 25 millions en 1816,

Et 25 millions en 1817.

C'est ainsi que j'ai compris les deux sommes dans mon projet.

La tâche la plus pénible qu'un particulier puisse entreprendre, est sans doute d'émettre un jugement contraire à celui d'autorités ou de personnes recommandées par leur réputation. J'ai rempli celle que je me suis imposée avec autant de modération et de ménagemens dans l'expression, qu'il m'a été possible, sans affaiblir mes pensées. Si j'avais été plus loin que ce qu'une prudente réserve ou une bienséance rigoureuse peuvent exiger, ce serait un écart de mon imagination, excusable dans un ouvrage écrit précipitam-ment, et non un oubli de l'estime que je conserve à ceux dont j'ai redressé les calculs ou contredit les assertions.

CHAPITRE VI.

Du paiement de l'arriéré.

<table>
<tr>
<td>Que l'arriéré doit être payé intégralement.</td>
<td>Nous avons donné en peu de mots, page 17 de cet écrit, les preuves que l'arriéré devait être payé intégralement; que la consolidation forcée choquait les maximes de l'équité, était contraire aux avantages de l'Etat par l'absorption qu'elle occasionnait d'un capital considérable, et par le coup mortel qu'elle porterait à la fortune des rentiers et au crédit public en influant d'une manière fâcheuse sur le cours de la rente que le gouvernement doit chercher à élever par tous les moyens que la loyauté approuve, et nous avons rapporté les propres paroles du ministre qui sont le résumé de toutes les raisons les plus fortes données à ce sujet.</td>
</tr>
</table>

Nous avons vu que le remboursement de l'arriéré à la manière de MM. B.... et H.... n'était qu'une consolidation obligée, indirecte, et que son amalgame avec les dépenses de 1816 nuirait au service courant de celui-ci, et occasionnerait certainement une confusion fâcheuse dans les circonstances pressantes où nous sommes.

Il faut donc le payer en le séparant des dépenses courantes comme le propose le projet général du ministre.

Cet arriéré est, au 1ᵉʳ janvier 1816, de 696,228,748 fr.

Il est probable qu'il est susceptible de réduction.

Mais tel qu'il est on se demande plus que jamais si les moyens mis à la disposition du Gouvernement par la loi du 23 septembre 1814, diminués sensiblement par l'emploi au service courant de 1815, de la somme de 70 millions, excédant présumé des recettes de la même année, qui étaient affectés au paiement dudit arriéré, et qui ne peuvent plus y contribuer; on se demande, dis-je, plus que jamais, si ces moyens sont suffisans, bien qu'ils soient augmentés d'une affectation nouvelle de cent mille hectares de bois joints aux trois cent mille déjà affectés par ladite loi.

On se demande en même temps si le taux de 8 pour 100 d'intérêt sera continué aux obligations royales à donner aux créanciers de l'arriéré, et si celles-ci, par les besoins extrêmes d'un service courant qui ne peut souffrir de retardement, seront rachetées assez suffisamment sur la place pour les élever au pair.

Enfin, et dans l'intérêt du crédit public, dont la bonification du cours de la rente 5 pour 100 consolidés est la vraie boussole, n'a-t-on pas à craindre que la faculté laissée aux créanciers de l'arriéré liquidés, de faire inscrire leurs créances sur le grand-livre, ne porte préjudice à la valeur de la dette inscrite, en jetant sur la place une partie considérable de rentes qui augmenterait la portion flottante qui s'y trouve déjà?

Dans ces conjonctures, et pour ne pas mettre trop de précipitation à la vente des bois, dont la valeur serait d'autant dépréciée, ne serait-il pas plus convenable, plus utile, plus profitable même aux créanciers de l'arriéré, de les solder intégralement, au moyen d'annuités plus ou moins rapprochées et appliquées à chaque créance, suivant l'ordre des exercices auxquels elles appartiennent, et par règle d'antériorité? *Partagé et payable en annuités.*

Ce mode facile, naturel, susceptible de diverses combinaisons, mais dont la manière la plus simple serait que ces annuités fussent délivrées aux créances, à fur et à mesure de leur liquidation, n'est-il pas plus conforme à l'intérêt des créanciers, certains alors d'être payés à des époques fixes que les ressources combinées de nos recettes, de la vente des bois, et du crédit public, permettent de rendre plus prochaines qu'on ne le pense communément?

Et ce fardeau si lourd au gouvernement, plus encore à l'imagination des particuliers, ne semblera-t-il pas plus léger à tout le monde, quand il sera partagé en plusieurs portions qui auraient chacune facilement des moyens d'absorption plus que suffisans ?

C'est sur ce mode convenable que j'ai fondé dans mon plan le paiement entier de l'arriéré.

Quelques personnes l'ont proposé, et ont désigné dix et même quinze et vingt annuités. On verra que par l'essor que le crédit doit prendre, en adoptant les moyens simples, naturels et infaillibles qui se présentent, et que je propose, il n'est pas nécessaire de prendre plus de cinq ans pour l'épuisement complet de l'arriéré, y compris le remboursement de cent millions. Je propose donc cinq annuités de 160 millions chaque. *Payé en 5 ans.*

7

Je ne propose, dans mes tableaux, qu'une bonification de 4 pour 100, une fois payée, sur la première annuité de 1817, hors l'emprunt de 100 millions.

De six pour cent sur la seconde de 1818.

De huit sur la troisième de 1819.

Cette bonification pourra être de dix pour cent sur la quatrième, et de douze pour cent sur la cinquième, hors la partie de 130 millions susceptible d'être traitée plus rigoureusement encore ; rigueur également conseillée et par la justice et par la politique.

Si ces intérêts ou bonifications paraissaient trop modiques, je répondrais que les créanciers en seraient dédommagés par la certitude d'un paiement certain à époque déterminée. La liquidation étant d'ailleurs à la disposition du ministère, ces intérêts étant immuablement fixés à l'avance, elle en serait plus prompte, l'ombre d'aucun motif même ne pouvant en faire craindre le retard , et le créancier, plutôt maître de son gage, saurait sur quel fondement il peut compter, et en aurait la disposition.

Vente de bois. Une dernière et importante question se présente : c'est celle de la vente des bois.

Il s'est élevé tout-à-coup, dans le sein même de la Chambre des Députés, de vives réclamations sur cette partie importante de nos ressources, et sur laquelle repose la sécurité des créanciers de l'arriéré.

Je ne crois pas qu'on puisse élever aucune difficulté spécieuse contre cette vente de bois, utile à l'état autant que profitable aux particuliers.

Sous le rapport du revenu annuel que le Gouvernement en retire, il sera triplé par la vente, puisque le prix de ces bois, qui ne peuvent lui rapporter, frais déduits, que deux pour cent au plus, absorbera un capital qui lui en coûte cinq.

L'Etat retirera de plus une portion du revenu par l'impôt foncier. Cet objet est considérable , et ne peut s'élever à moins de 500 mille francs pour 100 mille hectares, 2 millions par an sur 400 mille hectares.

Cet impôt foncier sera augmenté encore du droit d'enregistrement, timbre , etc., pour mutation. Cet objet est considérable.

Quant à la crainte qu'ont quelques personnes que l'Etat ne se dessaisisse d'un fonds domanial qui peut lui être d'une grande ressource pour ces temps calamiteux qui viennent affliger les nations comme les individus, nous ferons cette réflexion que la France, à cet égard, est bien plus riche en forêts qu'avant la révolution, et que la distraction de 400 mille hectares de bois la laissera encore suffisamment puissante.

Je montrerai le gouvernement anglais bien moins riche sous ce rapport, et le revenu de son domaine n'offrant à l'Etat qu'un secours annuel de 87,703 liv. sterl., 2,000,000 de francs environ (1).

Mais si ces oppositions, à la vente des bois, venaient de la même source que j'ai déjà indiquée page 22 de cet ouvrage., alors je m'afflige que quelques-uns des plus chauds partisans de nos princes mettent aujourd'hui le plus d'entraves à la marche de leur Gouvernement, et je m'écrie :

Rappelons-nous ce fameux déficit de 55 millions, qui nous semble maintenant si peu de chose, rapproché de notre ancienne prospérité! Ce faible déficit de 55 millions, au comblement duquel les deux premiers et les deux plus riches corps de l'Etat ne pensèrent pas de concourir! Tous les maux de notre sanglante révolution n'ont peut-être pas de cause, si non plus réelle, du moins plus occasionnelle et plus prochaine. Voulons-nous réproduire, au nom de la religion, cette faute énorme? Et la postérité accusatrice reprochera-t-elle aux Français d'avoir deux fois bouleversé l'Etat, l'une en refusant au Gouvernement le secours annuel de quelques tributs modiques pour conserver quelques parcelles de plus de revenus à des suzerains, des prélats ou des moines; et l'autre, en lui retirant à l'improviste un million d'arpens de bois, sa dernière ressource et le gage de ses créanciers, pour les remettre à des pauvres prêtres qui ne les demandent pas, et qui condamnent sans doute, au pied des autels, ce zèle outré et indiscret pour les intérêts d'une religion de paix et d'humilité!

Non, cette divine religion rejette un patrimoine et des richesses, qui corrompraient encore la pureté de son saint ministère, et qui seraient, pour les fidèles confiés à ses soins et à ses exemples, un sujet de scandale plutôt que d'édification!

---

(1) Les bois de l'Etat rapportent seuls, en France, 20 millions au Gouvernement. La vente de 400 mille hectares ne diminuera ce revenu que de 8 millions environ. Il resterait donc 12 millions au moins; ce qui est un peu plus que ce que le domaine rapportait en 1789.

« C'est à l'époque (s'est écrié dernièrement un de nos plus dignes ora-
« teurs de la Chambre des Députés) c'est à l'époque de la pauvreté du
« clergé qu'il a conquis l'univers à la religion ; c'est à l'époque de sa ri-
« chesse et de sa puissance, que l'impiété a jeté ses plus profondes racines
« et a causé de si funestes ravages ! » Discours du baron de Fabri, député
du Var à la Chambre des Députés, en février 1816.

CHAPITRE VII.

Projet d'un plan général de finances pour les années 1816—20.

On a vu déjà, par les principes que j'ai professés dans le cours de ce qui précède, et dans l'examen que je viens de faire du Budget du Ministre et de ses diverses propositions de finances, sur quelle base je concevais un Budget général de toutes nos dépenses, y compris même l'arriéré et le remboursement des 100 millions.

Et l'on n'a point oublié, qu'improbateur sévère d'un système d'emprunts, mal à propos imité de nos voisins, je n'en blâmais que l'exagération et l'application intempestive.

On a vu combien, j'ose le dire, l'arrière-pensée du Ministre était présente à mon esprit en composant cet ouvrage ; arrière-pensée que j'ai cru lire dans ces paroles que j'ai citées au commencement de ce Mémoire ; paroles pleines de sagesse et de prévoyance, où l'on peut puiser, comme moi, toute la théorie d'un crédit public approprié à la France, et les espérances les plus sages d'un heureux avenir pour nos finances.

On se rappelle en même temps comment je simplifie le service de cette année (1816), en le débarrassant de ce remboursement immense de cent millions, qui y jette le trouble en le compliquant mal à propos, et qui, écarté un instant, lui laisse une libre carrière, et n'est plus pour 1817 où je le place, qu'un surcroît de dépense facile à surmonter. *Analyse du budget de 1816.*

On a vu, page 37, comment je pourvois à des dépenses urgentes, extraordinaires (celles qui ont rapport à 1815, état G. D. du Budget du Ministre pour 1815) par une contribution extraordinaire légère, de quinze centimes sur la foncière, portes et fenêtres et patentes, et celle du doublement des contributions personnelle et mobilière, et comment, en portant ces dépenses et cette recette à l'année 1816, je simplifie ce qui est complexe.

On se souvient que je supprime le droit sur les transports et celui sur la

fabrication des huiles, ce qui peut faire un déficit, sur le budget du ministre,
de quatorze millions, ci··································· 14,000,000

Et plusieurs des droits les plus onéreux dans le recouvrement,   3,000,000

Et que je me prive, pour cette année, de la moitié du supplément des cautionnemens, ce qui fait un autre déficit sur
le même budget de vingt-cinq millions, ci················ 25,000,000

On verra que j'accrois la dépense d'un supplément d'amortissement de dix millions, ci ························· 10,000,000

Ainsi je me prive en totalité de cinquante-deux millions, ci   52,000,000

Mais que d'un autre côté j'ai donné une extension considérable, mais infaillible au produit ou à la taxe sur le sel, qui porte cet article à 10,000,000
de plus.

Et une autre extension aux retenues dont j'attends un excédant de
produit de huit millions; ce qui fait, avec le précédent, dix-huit millions, ci ·· 18,000,000

Et je parlerai bientôt d'un autre supplément nécessaire se
montant à douze millions. ci························· 12,000,000

Ce qui porte l'augmentation totale que je fais aux recettes
dans mon projet à trente millions, ci················· 30,000,000

Et la diminution ou augmentation de dépenses étant de 52,000,000

Différence en moins pour mes moyens vingt-deux millions, ci   22,000,000

Laquelle différence m'est compensée par l'excédant de mes
deux subventions extraordinaires dont je viens de parler, se
montant ensemble à ····························· 84,218,400

Sur laquelle somme je prélève, comme dans le budget du
Ministre de 1815, le solde de divers objets considérables, que
je porte entièrement sur mon budget de 1816, et s'élevant à
soixante-un millions cinquante-sept mille francs, ci········ 61,057,000

Différence en plus································ 23,161,400

Première différence en moins ci-dessus, vingt-deux millions, ci ······································· 22,000,000

Dernière différence······························ 1,161,400
pour non valeur sur les deux subventions extraordinaires ci-dessus.

Telle est l'analyse de mon budget particulier de 1816, que la vue du tableau A rendra plus sensible.

On se rappelle que, relativement à l'arriéré, je le partage en cinq annuités, avec intérêts convenables.

L'arriéré étant, d'après le ministre, au 1ᵉʳ janvier 1816, de 696,228,948

Et le remboursement de l'emprunt de 100,000,000

796,228,948

Analyse du paiement de l'arriéré et des budgets de 1817 et 1818.

Je partage cette somme en cinq paiemens de 160 millions, sauf le dernier qui ne serait que de 156,228,948, et même bien moins, comme il faut l'espérer d'après la liquidation définitive.

Je porte à chaque exercice, après celui de 1816, une des annuités se montant à cent soixante millions.

Et les intérêts, etc.

Je divise chacun, ainsi que celui de 1816, en deux natures de dépenses que j'intitule :

DÉPENSES { Dépenses courantes pendant trois ou cinq ans, pendant deux ou quatre ans, etc.
Dépenses extraordinaires propres à 1816 ou 1817, etc.

RECETTES { Recettes courantes pendant trois ou cinq ans, pendant deux ou quatre ans, etc.
Recettes extraordinaires propres à 1816 ou 1817, etc.

La dépense courante est fixe pour les cinq années; elle est fondée sur le tableau du ministre, portée à .... 800,000,000 d'une part.

Augmentation d'amortissement qui me semble nécessaire pour atteindre le but qu'on se propose, l'amélioration du crédit, dix millions, ci 10,000,000

Total de la dépense courante fixe 810,000,000

La dépense extraordinaire est peu variable, le paiement des annuités presque égales n'y portant point de différences notables, si ce n'est par les bonifications qui y sont attachées et par les intérêts des emprunts modiques qui pourvoient au déficit de chaque année.

La recette extraordinaire est également variable suivant le besoin de l'exercice. Elle est de deux natures :

Emprunt de 100 millions en 1817.

Ressource d'un emprunt de cent millions seulement par an, à partir de janvier 1817, par émission de 6 millions de rentes, le cours supposé, seulement la première année, à 70 au plus bas : ce cours, s'il a lieu, racheté par une prime en loterie pour l'année seulement de l'émission ; intérêt total : 7,000,000.

Ressources de la vente des bois et des biens des communes, jusqu'à concurrence.

Les tableaux B et C, correspondant aux années 1817 et 1818, donneront l'idée la plus claire et la plus simple de tout le mécanisme de ces budgets qui comprennent chacun leurs portions du paiement de l'arriéré.

Telle est l'analyse des budgets très-peu compliqués de 1817, 1818, etc.

Je demande, comme on vient de le voir, un supplément de droits se montant à douze millions. Les contributions qui nécessitent, pour leur perception, une surveillance rigoureuse de la régie, occasionnent, quelques ménagemens qu'on emploie, tant de vexations et de dérangement pour ceux qui y sont soumis, qu'on ne saurait trop les écarter d'un bon système de recettes. Une partie de leur production est d'ailleurs absorbée par les frais.

J'ai donc cherché dans ce supplément de droits une matière et des moyens productifs avec le moins de vexations et de frais possible.

Droit de 25 c. par demi-kil. sur les sucres, cafés, etc. , à l'entrée des villes.

Les denrées coloniales m'ont paru susceptibles d'une extension de droits; leur consommation est devenue immense. Les droits qu'elles supportent à l'introduction dans le royaume peuvent-être augmentés, sans danger, de 5o c. par kil. ; mais la contrebande pourrait alors devenir plus active. Je propose donc un droit de 25 c. par $\frac{1}{2}$ kil. sur les sucres, cafés, cacao et autres denrées qui en paraîtront susceptibles, perçu seulement à l'entrée des villes par jonction aux tarifs d'octrois.

Si les erremens de la consommation prodigieuse de ces denrées, depuis l'heureux retour des Français à un gouvernement paternel et modéré, ne sont point exagérés (et il y a lieu de penser qu'ils sont fidèles), cette consommation fût seule rapidement portée de cinq millions environ de kil. à trente millions (soixante millions de $\frac{1}{2}$ kil.). Qu'on juge donc du produit d'une augmentation de droit de 25 c. tant sur les sucres que sur les cafés, cacao, etc, quoique restreint aux octrois.

Il faut considérer que cette consommation se fait en grande partie dans les villes, et que celle des campagnes ou villages et bourgs, non soumis à l'octroi, y puise en général ses ressources. On peut donc se flatter d'un produit de dix à douze millions au moins, sans préjudice de celui des douanes. Je ne le porte néanmoins qu'à huit millions, m'étant fait un principe modéré d'appréciation dont on ne doit jamais se départir dans les matières de finances.

L'autre droit que j'attends, se montant à quatre millions, m'est fourni par une taxe contre laquelle on ne s'élèvera point, et qui sera perçue par la direction ordinaire des contributions directes sur les rôles de la mobilière et personnelle.

Cette taxe est celle sur les domestiques tant mâles que femelles, autres que ceux destinés à l'agriculture, et sur les chevaux et voitures de luxe.

Cette taxe pourrait, bien calculée et proportionnellement assise, produire sans surcharge, huit à dix millions; mais fidèle au même principe de modération, je ne la porte en ligne de compte que pour la modique somme de 4,000,000 (1).

J'ai une seule et dernière observation à faire, elle concerne la dotation de la caisse d'amortissement qui me semble insuffisante à quatorze millions, tandis que celle des auteurs de plans que j'ai combattus est au contraire exagérée. Le but d'une caisse d'amortissement doit être de diminuer les dettes de l'Etat, et surtout d'élever le cours de la rente, signe certain, quand il est favorable, de la renaissance du crédit. Dans la vue de l'assistance que nous devons lui demander les années prochaines, quoique avec bien de la réserve, je porte cette dotation à vingt-quatre millions (deux millions par mois), et je croirais convenable d'affecter au supplément nécessaire de dix millions, le produit des deux taxes ci-dessus, bien faciles à séparer des autres rentrées obtenues par l'une ou l'autre direction des contributions.

---

(1) Je ne donne aucune ouverture sur cette taxe, qui a déjà été recouvrée; on en connaît le produit. La taxe sur les domestiques mâles devrait s'étendre à ceux de toutes les personnes qui n'ont point charrues, et alors elle s'étendrait à une classe nombreuse, qui comprend, outre les propriétaires aisés des villes et des campagnes, les marchands de bois, de vin, maquignons, etc. On pourrait imposer 25 fr. le premier domestique mâle, et plus ensuite sur le second. La taxe sur les servantes pourrait être de 10 f. dans les campagnes, bourgs et villages, et de 15 f. dans les grandes villes.

8

J'ai mis le plus d'ordre et de clarté qu'il m'a été possible dans l'énumération et l'explication des changemens que j'ai fait subir aux propositions du Ministre, et dans l'exposé de mon propre Budget : la vue des tableaux ci-contre démontrera, d'une manière palpable, ce que je n'aurai pas exprimé assez nettement dans le texte.

Je ne fais point de ces budgets une règle absolue à laquelle on doive se restreindre; mais je les présente seulement comme un exemple de ce qu'on peut attendre avec sécurité de nos ressources, du crédit et du temps, sagement combinés.

TABLEAU (A).

(A)

DÉPENSES.

	DÉPENSES COURANTES pendant 3 ou 5 ans.	DÉPENSES EXTRAORDINAIRES propres à 1816.	TOTAL GÉNÉRAL DES DÉPENSES pendant 1816.	OBSERVATIONS.
Comme dans le Budget du ministre.	800,000,000 f.			
Augmentation du fonds d'amortissement, pour le porter à 24 millions.	10,000,000			
Fonds de non-valeurs affectés, 1°. au remboursement de la portion des contributions levées dans les départemens, soit en argent, soit en effets en nature, et qui ont été admises en déduction des sommes convenues avec les puissances, pour la solde, l'habillement, l'équipement et la remonte de leurs troupes ; 2°. A venir au secours des départemens qui auraient éprouvé le plus de dommage par le passage ou le séjour des troupes alliées ; Conformément à la même somme que le ministre y destine sur la subvention extraordinaire de son Budget, déduction faite du remboursement de l'emprunt et des non-valeurs.	. . . . . .	61,057,000 f.		
	810,000,000 f	61,057,000 f.	871,057,000 f.	

RECETTES.

	RECETTES COURANTES pendant 3 ou 5 ans	RECETTES EXTRAORDINAIRES propres à 1816.	TOTAL GÉNÉRAL DES RECETTES pendant 1816.	
Comme dans le Budget du ministre. . . . . 727,000,000 f.				
A déduire, { Suppress. du droit de transport. 10,000,000 f — du droit sur les huiles. 4,000,000 — de div.droits trop onér. 5,000,000 } 17,000,000	710,000,000			
Abandon sur la liste civile.	10,000,000			
Retenue sur les traitemens, { Comme dans le Budget du ministre. 13,000,000 Augmentation proposée. . . . 8,000,000 }	21,000,000			
Amélioration du produit sur le sel, ou taxe pour y suppléer. .	10,000,000			
Droits de 25 cent. par demi-kilogrammes sur les sucres, cafés, cacao, etc., à l'entrée des villes.	8,000,000			
Taxe sur les domestiques, chevaux et voitures de luxe. . . .	4,000,000			
Moitié des supplémens des cautionnemens.		25,000,000 f.		
15 centimes par franc sur les trois contributions foncière, des portes et fenêtres et patentes.		43,284,900		
Doublement de la contribution personnelle et mobiliaire. . .		40,953,500		Excédant 1,161,400 f. pour non-valeurs sur les 15 c. de subvention.
	763,000,000 f.	109,218,400 f.	872,218,400 f.	

(B)

BUDGET DE 1817.

DÉPENSES.	DÉPENSES COURANTES pendant deux ou quatre ans.	DÉPENSES EXTRAORDINAIRES propres à 1817.	TOTAL GÉNÉRAL des Dépenses en 1817.	OBSERVATIONS.
Comme en 1816.	810,000,000 f.			
Remboursement de l'emprunt de cent millions.		100,000,000 f.		
Première annuité sur l'arriéré.		60,000,000		
Bonification de quatre pour cent sur cette annuité. . . .		2,400,000		
	810,000,000 f.	162,400,000 f.	972,400,000 f.	

RECETTES.	RECETTES COURANTES pendant deux ou quatre ans.	RECETTES EXTRAORDINAIRES propres à 1817.	TOTAL GÉNÉRAL des Recettes en 1817.	
Comme en 1816.	763,000,000 f.			
Emprunt de cent millions (1).		100,000,000 f.		(1) Le cours supposé seulement à 70 f.
Deuxième moitié des supplémens des cautionnemens. . . .		25,000,000		
Vente de cent mille hectares de bois (2).		70,000,000		(2) A 700 fr. l'hectare, prix moyen.
Vente des biens des communes jusqu'à concurrence de . .		14,400,000		
	763,000,000 f.	209,400,000 f.	972,400,000 f.	

DÉPENSES.	DÉPENSES courantes pendant un ou trois ans.	DÉPENSES extraordinaires propres à 1818.	TOTAL GÉNÉRAL des Dépenses pour 1818.	OBSERVATIONS.
Dépenses courantes comme en 1817.	810,000,000^f			
Intérêt de l'emprunt de 100,000,000 fait en 1817. . . . . 6,000,000^f }		7,000,000^f		
Prime en loterie sur ledit emprunt. . . . . 1,000,000 }				
Deuxième annuité de l'arriéré. . . . . . . 160,000,000 }		169,600,000		
Bonification de 6 pour 100 sur ladite annuité. 9,600,000 }				
Intérêt du supplément des cautionnemens (1).	. . . . . .	2,000,000		
	810,000,000^f	178,600,000^f	988,600,000^f	
RECETTES.	RECETTES courantes pendant un ou trois ans.	RECETTES extraordinaires propres à 1818.	TOTAL GÉNÉRAL des Recettes en 1818.	
Recettes courantes comme en 1807.	763,000,000^f			
Vente de 150,000 hectares de bois (2).	. . . . . .	105,000,000^f		
Emprunt de 100,000,000 (3).	. . . . . .	100,000,000		
Vente des biens des communes, jusqu'à concurrence de.	. . . . . .	20,600,000		
	763,000,000^f	225,600,000^f	988,600,000^f	

(1) On aurait pu porter en compensation de cette somme de deux millions, les intérêts des obligations royales annullées.

(2) à 700 f. l'hect., prix moyen.

(3) Le cours supposé à 80.

$\left(\text{D}\right)$ TABLEAU des Effets de l'Amortissement, pendant la période de cinq ans, par l'emploi d'un crédit annuel de vingt-quatre millions, en achat de 5 pour 100 consolidés au cours de 70 fr. en 1816, et de 80 fr. pour les années suivantes.

ANNÉES.	COURS de LA RENTE.	FONDS D'AMORTISSEMENT affectés sur le produit des postes, des droits d'octrois sur les denrées coloniales, taxes des domestiques, etc.	MONTANT DES RENTES rachetées chaque année.	ACCROISSEMENT des moyens d'Amortissement.
1816	70 fr.	24,000,000 fr.	1,714,285 fr.	24,000,000 fr.
1817	80	24,000,000	1,607,142	25,714,285
1818	id.	24,000,000	1,707,589	27,321,427
1819	id.	24,000,000	1,814,513	29,029,016
1820	id.	24,000,000	1,927,708	30,843,329
Total des Rentes rachetées pendant cinq ans. . .			8,771,037 fr.	
Premier fonds d'Amortissement.			24,000,000	
Moyens d'Amortissement pour 1821.			32,771,037 fr.	

Je ne pousse pas plus loin ces Budgets : nous avons traversé le passage le plus difficile de notre route, et surmonté les obstacles les plus graves de nos embarras financiers , sans impositions extraordinaires que celles de quinze centimes sur les trois contributions directes et du doublement de la personnelle et mobilière. Une nouvelle ère de bonheur commence pour les Français : si la bonne foi, si la religion, si le repos de l'Europe, invoqués si solennellement dans les derniers traités, dont la France aura strictement observé les conditions, ne sont pas de vains noms, les cent-cinquante mille hommes d'occupation évacueront immédiatement notre territoire, et leur entretien ne sera plus à notre charge.

L'exercice de 1819 s'ouvrira donc avec une diminution de dépenses, d'une part de . . . . 130 millions.

Eventuelles (1) 3
____
133 millions.

Applicables à la diminution des contributions qui en paraîtront le plus susceptibles.

L'arriéré n'est plus alors (1er janvier 1819) que de 476 millions, d'après la plus forte évaluation du Ministre , payables, selon l'ordre introduit, en trois dernières annuités.

Cent cinquante mille hectares de bois restent disponibles sur les quatre cent mille hectares affectés par la loi proposée, ainsi qu'une masse considérable de biens de communes, dont il n'aura été vendu, en dernier lieu en 1817 et 1818, d'après mes Budgets B. et C., que pour trente-quatre millions six cent mille francs.

Le crédit public est régénéré : l'essai en est fait ; cent cinquante millions peuvent lui être demandés annuellement, si le bien du service ou la politique l'exigent.

La caisse d'amortissement est magnifiquement dotée ; 8,771,037 fr. de rentes acquises seront ajoutés à son premier fonds , à la fin de 1820 : ainsi 32,771,037 fr. seront à sa disposition pour l'année 1821.

Et la dette inscrite n'ayant été augmentée, le 1er janvier 1819, que de

____

(1) Portées à 4 millions 500 mille francs dans les comptes du Ministre.

12 millions de rentes (1), sur lesquelles la caisse d'amortissement en a acheté plus de cinq millions (*voir le tableau D.*); le surcroît de la dette publique inscrite n'est, en définitive, que de sept millions.

Aucune contribution n'a été forcée, et plusieurs même offrent des améliorations de produits qui peuvent fournir au dégrèvement de quelques autres.

Quelques parties de ce plan peuvent être soumises à des calculs plus rigoureux; mais, en se combinant, le résultat sera le même.

J'ai donné quelques jours à cet essai, dont la clarté et les erremens me semblent évidens; mais les principes sur lesquels je me suis appuyés sont le fruit d'une conviction acquise depuis long-temps. Je puis m'être trompé, mais je me flatte de ne m'être livré à aucune exagération : j'ai écarté de moi les théories brillantes, les illusions flatteuses de crédit qui me paraissent avoir trop séduit l'esprit de quelques personnes, dont j'apprécie néanmoins les connaissances positives, et j'ai eu l'opinion que, dans l'emploi judicieux de nos ressources, il était à propos d'y comprendre celle du temps.

Enfin, j'ai pensé que, dans une matière de cette importance, il ne fallait rien donner au hasard, et que la voie la plus sûre devait être aussi la meilleure.

---

(1) La prime d'un million accordée sur le premier emprunt de 100 millions fait en 1817, n'étant indiquée que pour cette année-là, et même autant que le cours de la rente ne serait qu'à 70.

FIN.

PARIS, DE L'IMPRIMERIE D'ADRIEN ÉGRON,

IMPRIMEUR DE S. A. R. MONSEIGNEUR LE DUC D'ANGOULÊME, RUE DES NOYERS, N° 37.